행복한
생활경영

Life Management:
A Recipe for Happiness

행복한

생활경영   임태순 지음

교문사

머리말

행복이란 추구하고자 하는 사람에 따라 어쩌면 매우 다양하게 표출될 수 있을 것이다. 행복은 현실적으로 각 개인이 소망하는 여러 가지의 일들(예를 들면, 승진, 연봉 인상, 자녀의 진학 등)의 성취로 규정될 수도 있지만 포괄적으로는 '목표가 있는 삶'이 존재할 때 행복은 가능하다고 생각된다. 목표가 성취되었을 때 자연스레 찾아오는 행복감도 있겠지만, 설정된 목표가 있을 때 우리는 이미 행복의 문턱에 들어섰다고 할 수 있다. 남이 알지 못하는 마음속의 보물처럼 숨겨 놓은 삶의 목표가 있을 때, 우리는 혼자 그것을 꺼내보는 심정으로 생각만 해도 설렘으로 가득 차게 될 것이다. 아마도 이는 설정된 목표가 삶에 높은 동기부여를 제공하기 때문이라고 생각된다.

경영이란 기업의 가치 극대화(value maximization)를 목표로 한다. 이런 목표를 달성하기 위하여 경영자들은 기업과 상호작용하는 환경변화에 대응하여 어떻게 기업을 성장시키고 발전시킬 것인가? 하는 연속적인 고민 속에서 효율적인 방법론을 모색하는 과정이라고 할 수 있다. 같은 맥락에서 생활경영은 경영이라는 시각을 우리들의 생활 속으로 끌어들이고 삶 속에서 녹여내어 웰빙(wellbeing)적인 삶을 창출해 낼 수 있는 생각을 공유함으로써 행복한 삶을 구현하는 것을 목표로 한다. 즉, 변화하는 시대의 흐름에 따라 함께 호흡하면서 안정적으로 가정의 행복을 유지하는 것이 생활경영의 목표가 될 것이다.

우리의 삶을 지배해 왔던 '빨리 빨리' 문화가 '느림의 철학' 으로 새로운 반향을 일으키고 있고, 그동안 선풍적인 유행을 끌던 '패스트푸드(fast food)' 를 대체하는 '슬로푸드(slow food)' 개념이 다시 도입되는 추세를 보이고 있다.

이는 실적과 성장, 그리고 성공을 위해서 우선시되던 고속주행의 시대에 대한 반향으로 다운시프팅(down shifting)적인 문화가 되살아나고 있기 때문인데, 이는 아마도 행복이란 관점에서 우리의 삶을 다시 성찰하고자 하는 분위기에 기반을 두고 있다고 하겠다.

살아온 삶의 나이테를 바라보면서 나 자신을 가장 사랑했던 시기를 되돌아보면 아마도 자신이 설정한 목표를 향하여 처절하게 몸부림치면서 자신을 위해 매진했던 시기가 아닐까? 하고 생각된다. 아마도 시련을 겪던 당시에는 어렵고 힘들게만 느껴졌겠지만, 역경을 딛고 일어선 지금, 자신의 모습이 한없이 아름답고 과거의 힘들었던 기억이 이젠 행복한 왕년(旺年)의 추억으로 가슴에 고이 담겨져 있기 때문일 것이다. 이러한 행복을 얻기 위해서는 전략이 필요하다. 마치 기업의 경영자들이 기업의 5년 후, 10년 후의 미래전략을 미리 준비하듯이 생활경영의 CEO로서 우리는 나의 5년 후, 10년 후의 전략을 준비해야 하지 않을까?

이 책은 남들이 밟아 보지 않았던 '가지 않은 길'을 학문의 융합이란 미명 아래, '생활경영'이란 교과목으로 새롭게 개설하여 그동안 대학에서 강의한 내용을 중심으로 작성한 행복한 삶을 준비하는 교양서이다.

이 책은 총 4부로 구성되어 있다. 제1부에서는 생활경영에 대한 전반적인 개관에 해당하는 내용으로 생활경영과 행복에 대해 살펴보았고 제2부에서는 인생경영에 대한 논의로 가정경영과 중년경영, 그리고 노년경영에 대한 내용으로 꾸며졌다.

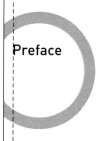

제3부에서는 부자와 재테크에 관한 학습이 이루어질 수 있는 장을 마련하였고, 마지막으로 제4부에서는 건강과 유머경영에 관한 내용으로 구성하여 우리의 삶을 이루는 생활과 밀접한 주제어에 대해 두루 살펴볼 수 있도록 하였다.

그동안 주제에 대한 보완작업이 반복적으로 진행되어 왔지만, 아직도 다 채우지 못한 여백에 대해 독자들의 조언을 당부드린다. 그리고 집필과정에서 선지식(善知識)인들이 주신 인용의 기회에 대해 깊이 감사드린다.

이 책의 특징을 요약하면 다음과 같다.

첫째, 우리의 삶과 결부된 생활을 하나하나 새롭게 더듬어 풍성하게 경영함으로써 우리의 삶을 한층 더 행복하게 만들 수 있도록 구성하였다. 우리들 각자의 삶에서 한 발짝 뒤로 물러나서 살아온 삶을 성찰해 보고 미래의 행복한 삶을 설계하고 계획할 수 있도록 편성하였다.

둘째, 생활경영의 영역에서 도출되는 화두에 대하여 이론뿐만 아니라, '생각해 보기' 코너를 마련하여 삶과 결부된 내용을 독자 여러분들이 스스로 살펴볼 수 있게 생각의 여백을 제공하였다. 또한 생활경영과 관련된 화두들을 각 장의 말미에 추가하여 '심화학습' 코너를 마련하였다. 심화학습은 발췌된 글을 통하여 관련분야에 대한 정보를 제공하고 독자들이 스스로를 자가진단할 수 있는 시간과 아울러 연령대별로 재무설계를 하는 데 도움이 되는 내용으로 꾸며졌다.

셋째, 시간적인 제약 속에서 생활하는 독자들에게 도움을 드리고자 가능하면 긴 서술식 형태의 내용전개를 지양(止揚)하고 핵심내용을 중심으로 요약하는 방식으로 구성하여 바로 문제의 본질에 접근하여 삶을 살필 수 있도록 구성하였다.

넷째, 주요한 용어에 대한 부수적인 설명이 필요한 부분에 대해서는 각 장이 끝나는 말미에 용어해설을 덧붙여 제공하였다.

그러나 아무리 강조해도 모자라는 부분은 감사의 말씀이다. 이 책의 전 영역에서 미처 양해를 구하지 못하여 인용하고 참고한 글이 너무 많은데, 다시 이 분들께 감사함과 존경을 표하고자 한다. 끝으로 이 책이 출간되기까지 도움을 주신 (주)교문사의 류제동 사장님과 양계성 상무님 이하 편집부 여러분께 감사드린다.

2010년 6월
저 자

차 례

Part 2 인생경영

Contents

Contents

Part 3   부자와 재테크

Contents

Part 4 건강과 유머경영

가지 않은 길

피천득 역

노란 숲 속에 길이 두 갈래로 났었습니다.
나는 두 길을 다 가지 못하는 것을 안타깝게 생각하면서,
오랫동안 서서 한 길이 굽어 꺾여 내려간 데까지,
바라다볼 수 있는 데까지 멀리 바라다 보았습니다

그리고 똑같이 아름다운 다른 길을 택했습니다.
그 길에는 풀이 더 있고 사람이 걸은 자취가 적어,
아마 더 걸어야 될 길이라고 나는 생각했었던 게지요.
그 길을 걸으므로, 그 길도 거의 같아질 것이지만.

그 날 아침 두 길에는
낙엽을 밟은 자취는 없었습니다.
아, 나는 다음 날을 위하여 한 길은 남겨 두었습니다.
길은 길에 연하여 끝없으므로
내가 다시 돌아올 것을 의심하면서…

훗날에 훗날에 나는 어디선가
한숨을 쉬며 이야기할 것입니다.
숲 속에 두 갈래 길이 있었다고,
나는 사람이 적게 간 길을 택하였다고,
그리고 그것 때문에 모든 것이 달라졌다고.

Part 1

생활경영과 행복

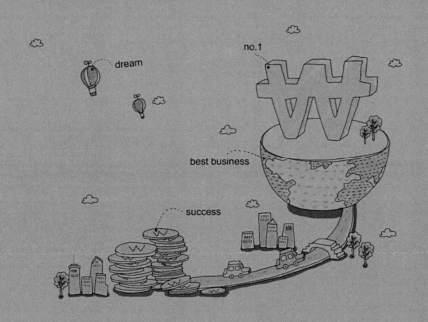

Chapter

1

생활경영

생활경영

학습목표

1. 생활경영이란 주제를 가지고 생활과 삶 속에서 결부되는 여러 가지의 주제어를 중심으로 경영이란 측면에서 함께 생각하고 재조명·재해석하는 시간을 갖는 데 학습목표를 둔다.

2. 경영의 연구대상인 기업과 생활경영의 연구대상인 생활을 대비시켜 우리가 추구하는 바를 철학적으로 접근해 본다.

3. 생활경영과 관련된 여러 주제어를 추려 내어 한 학기 동안 논의할 주제어로 삼을 화두를 선정하는 시간을 갖는다.

---

1 생활경영의 개관

생각해 보기

행복한 생활경영 수업을 시작하기 전 잠시 아래의 질문에 대해 생각해 봅시다.

- "지금 행복하세요?" 혹은 "행복하다고 생각하세요?"
- 그렇다면 행복이란 과연 무엇이라고 생각하세요?
- 행복해지기 위해 어떻게 해야 할까요?

1) 생활경영이란?

(1) 목 표

경영(management)이란 용어는 이윤추구 동기에 출발하여 기업을 그 연구대상으로 하고 있는 매혹적인 단어로 자리매김하였다. 하지만 생활경영은 경영이란 초점을 우리들의 생활 속으로 끌어들이고 삶 속에서 녹여내어 웰빙의 삶을 창출해 내는 생각의 시간을 공유함으로써 효율성과 웰빙이 함께하는 행복한 삶을 구현하는 것을 목표로 한다.

(2) 주요 주제

행복경영, 시간경영, 휴테크경영, 가정경영, 자녀경영, 중년경영, 노년경영, 부자학, 재테크, 건강관리, 스트레스관리, 신용관리 등을 주요 주제로 한다. 하지만 주제는 시대가 변화함에 따라 논의의 필요성이 대두되는 유행(fashion)적인 색채가 강하다는 점을 고려하면 언제든 그 주제를 논의에 끌어낼 수 있다고 생각되기에 변동될 수도 있는 부분이라고 생각된다.

2) 과목의 특징

첫째, 논의 주제의 광범위성으로 여러분들과 함께 공감(共感)과 공생(共生)의 철학을 가지고 '가지 않은 길'을 새롭게 개척하는 기분으로 함께 느끼면서 생각하는 시간의 특징을 갖는다. 경영이란 개념은 기업경영뿐만 아니라, 국가경영, 세계경영 등으로 확대되어 왔지만, 범위를 축소하여 자아경영, 가정경영이란 측면으로 끌어들여 웰빙의 삶을 추구하는 것을 생활경영의 뿌리로 삼는다.

둘째, 생활경영과목은 교양강좌이면서 대단위 강의이기에 전문적인 지식을 습득하기보다는 우리의 삶을 경영이란 시각에서 편안하게 뒤돌아보고 생각해 보게 하는 것이 특징이다. 그래서 강의를 진행함에 따라 스스로 공들여서 완성해 간다는 기분으로 학습을 유도한다.

2 경영과 생활경영의 비교

생각해 보기

미국 GE사에서 '1등주의'를 표방하면서 오랜 동안 최고경영자 역할을 수행하면서 오늘날의 GE사로 남을 수 있게 한 1등 공신으로 추앙받는 잭 웰치 회장은 경영에 대해 최우선으로 '변화(change)'를 꼽았다.

그림 1-1 GE사의 잭 월치 전 회장과 제프리 이멜트 회장

자료 : 네이버뉴스, 2008년 4월 17일

1) 대상, 주체, 추구성의 관점

경영과 생활경영은 대상과 주체 그리고 관련분야와 추구성에서 표 1-1에서 보는 바와 같이 차별성을 가진다.

(1) 대 상

경영은 기업을 대상으로 한다. **경영**을 영어로 할 때 management(관리)로 많이 사용한다. 여기서 재미있는 사실은 management는 man-age-ment 개념의 합성어로 해석이 되며, 해석에 동양적인 의미를 가미하여 설명해 보면, 경영이란 결국 사람이 나이가 들어서 철(哲)이 들게 되고 말귀를 알아듣게 되는 깨달음을 통하여 비로소 혜안을 가지고 올바른 경영을 할 수 있다는 의미라고 생각된다. 이는 옛 어른들께서 일컬어 주시던 '대장부 신언서판(身言書判)' 이라 하여 강조하던 네 가지 덕목 중에서 올바른 판단(判)으로 의사결정(decision making)을 해야 한다는 뜻과도 맥을 같이한다.

이에 반하여 생활경영은 나와 가정을 중심으로 생활범주를 대상으로 한다.

표 1-1 경영과 생활경영의 비교 I

구 분	경영(management or business)	생활경영(life planning & management)
대 상	기업	생활범주(나, 가정)
주 체	경영자, 기업가	자아, 가정 CEO
관련분야	국가경영, 세계경영, 호텔경영, 병원경영, 사회경영 등	자아경영, 생활경영 등
추 구	이윤 중심	행복 중심

(2) 주 체

경영의 주체는 경영자나 기업가인 반면에 생활경영의 주체는 자아나 가정의 CEO인 주부가 될 수도 있다. 대상 영역이 기업의 범주에서 생활범주인 나와 가정으로 바뀐 결과라고 할 수 있다.

(3) 관련분야와 추구성

경영의 관련분야는 매우 광범위하다고 할 수 있다. 표 1-1에 나타난 대로 국가경영, 세계경영, 호텔경영, 병원경영 등 그 대상이 매우 넓고 미치지 않는 영역이 없을 정도라고 할 수 있으나, 생활경영에서는 자아와 가정, 그리고 생활 경영으로 관련분야가 축소되면서 추구하는 추구성도 행복 중심으로 모아진다.

2) 관점, CEO, 목적의 관점

경영과 생활경영의 차이점을 이미 살펴본 대상과 주체, 그리고 관련분야와 추구성 이외에 관점과 CEO, 그리고 화두와 목적의 차원에서 비교하여 보면 표 1-2에서 보는 바와 같다.

(1) 관 점

경영의 관점이 외향적인 반면, 생활경영은 내향적이고 미시적이라고 할 수 있다.

표 1-2 경영과 생활경영의 비교 Ⅱ

구 분	경영(management or business)	생활경영(life planning & management)
관 점	macro(외향적)	micro(내향적)
CEO	최고경영자	공동대표(자신, 배우자)
최신 화두	유머경영, 화두경영, 감성경영, 컬러경영, 오감경영 등	오륙도, 사오정, 삼팔선, 이태백, 재테크문제, 중년관리, 건강문제 등
목 적	이윤 극대화(기업의 가치 극대화)	행복 극대화(삶의 가치 극대화)

(2) CEO

생활경영의 CEO는 상황에 따라 자기 자신이 될 수도 있고, 배우자가 될 수도 있다. 자기경영의 관점에서는 자기 자신이 될 것이고, 가정경영의 관점에서는 자기 자신과 상황에 따라선 배우자가 CEO가 될 수 있다.

(3) 최신 화두와 목적

생활경영의 목적은 행복 극대화이다. 우리가 영위하는 삶의 가치를 극대화시키고 자신과 가정의 행복을 극대화하는 것이 궁극적인 목적이다. 생활경영의 화두는 시대적인 배경에 따라 바뀔 수도 있다. 하지만 핵심적인 요소는 재테크, 건강관리, 중년관리, 부부경영 등을 담고 있다.

3 생활경영의 이해

> 생각해 보기
>
> **노동자와 자본가의 차이를 한마디로 어떻게 해석할 수 있을까요?**
> 평생직장을 원하기보다는 평생 동안 자신을 고용할 수 있는 조건을 준비한다면 안정된 직장에 대한 위험으로부터 해방될 수 있다.

1) 생활경영의 추구성

경영이란 기업을 연구대상으로 하며 기업의 가치를 극대화하기 위한 목표를 설정하고 세부적으로는 주변 환경변화에 대응하여 기업을 어떻게 성장시키고 발전시킬지에 대한 고민 속에서 효율적인 방법론을 모색하는 과정이다. 따라서 기업은 환경과 끊임없는 유인과 공헌이란 관계를 유지하면서 목표를 추구한다.

같은 맥락에서 생활경영은 '변화'하는 환경변화 속에서 효율적이고, 웰빙의 삶을 추구하면서 나와 가정의 행복을 극대화하는 목표를 가지기 때문에 환경의 변화에 의하여 변화될 수 있는 가치관의 흐름에 능동적으로 대처하고 변화의 흐름에 편승하면서도 안정적으로 나와 가정의 행복을 유지하는 목표를 추구한다.

2) 생활경영의 배치성

효율성과 웰빙이란 용어는 방법론에서 때론 배치될 수 있다. 마치 오랫동안 우리를 지배해 왔던 '빨리 빨리' 문화가 '느림의 철학'으로 새로운 반향을 일으키거나, 한때 선풍적인 유행을 끌던 '패스트푸드(fast food)'를 대체하는 '슬로푸드(slow food)' 개념이 다시 도입되는 추세를 보이고 있다. 즉, 성장과 성공을 위해 우선시되던 고속주행의 시대의 반향으로 일각에서는 다운시프팅(down shifting)의 문화가 살아나고 있다.

3) 행복과 생활경영 전략

행복은 추구하고자 하는 사람에 따라 매우 다양하게 표출될 수 있다. 현실적으로 각 개인이 소망하는 여러 가지의 일들(예를 들면, 승진, 연봉, 자녀의 진학 등)로 규정될 수도 있지만 포괄적으로 '목표가 있는 삶'이 존재할 때 행복은 가능하다고 생각된다. 목표가 성취되었을 때 찾아오는 행복감도 있겠지만, 목표가 있을 때 우리는 이미 행복의 문턱에 들어섰다고 할 수 있다. 남이 알지 못하는 마음속의 삶의 목표… 아마, 이는 생각만 해도 두근거리는 설렘으로 가득 차게 될 것이다. 이는 목표가 삶에 대한 높은 동기를 부여해 주기 때문이다.

살아온 삶의 나이테를 바라보면서 자신을 가장 사랑했던 시기를 상상해 보면 아마도 그때는 자신이 설정한 목표를 향하여 처절하게 몸부림치면서 자신을 위해 매진했던 시기가 아닐까 생각된다. 역경을 겪는 당시에는 어렵고 힘들게만 느껴졌지만, 지금은 아름다고 행복한 추억으로 가슴에 남아 있기 때문일 것이다.

생활경영에서 행복을 추구하기 위해선 전략이 준비되어야 한다. 마치 기업의 경영자들이 기업의 5년 후, 10년 후의 미래전략을 미리 준비하듯이 생활경영의 CEO로서 우리는 나의 5년 후, 10년 후 전략을 준비해야 한다.

 심화학습

모든 사람들이 행복해지는 다섯 가지 비결

모든 사람들이 행복한 삶을 누리기를 원하는 가운데 미 과학 인터넷사이트인 '라이브사이언스'가 행복해지는 비결 다섯 가지를 공개했다. 과학자들은 행복이 유전과 건강 등 사람들이 조절할 수 없는 요인에 의해 결정된다고 주장하고 있지만 최근의 연구는 사람들은 노력을 통해 행복을 누릴 수 있다는 것을 말해 주고 있다는 게 라이브사이언스의 설명이다.

라이브사이언스에 따르면 미국 캘리포니아 리버사이드 대학의 소냐 류보미르스키 심리학자는 다양한 긍정적인 생각을 통해 행복을 느낄 수 있는지에 대한 51건의 연구를 진행한 결과 긍정적인 행동들이 행복감을 크게 할 수 있다고 주장했다. 사람들이 스스로 행복하다고 느낄 수 있도록 하는 행동 다섯 가지는 ① 감사하라, ② 긍정적이 되라, ③ 누리고 있는 행복을 세어보라, ④ 가지고 있는 힘을 사용하라, ⑤ 남을 도와라 등이다.

그의 연구 결과에 따르면 남들에게 고마운 것을 적었던 사람들은 글을 쓰면서 행복감을 느꼈고 그 행복감이 몇 주 심지어는 몇 개월이나 지속됐다. 또 '행복하게 오래 살 것이다', '일자리를 찾을 것이다' 등 긍정적인 생각을 하는 것만으로 행복감을 느낄 수 있는 것으로 나타났고, 그들이 누리고 있는 행복을 몇 주 동안 꾸준히 적어 내려가면서 행복함을 느끼는 것으로 조사됐다.

자료 : 파이낸셜뉴스, 2010년 2월 24일

용어정리

재테크

재물을 의미하는 한자어 재(財)와 기술을 의미하는 테크놀로지(technology)의 합성어이다. 따라서 재물로 적당히 관리하는 차원을 넘어 지식이 결부된 기술(또는 knowhow)이 접목이 될 때, 재물을 모을 수 있다는 개념으로 해석하면 무리가 없겠다.

다운시프팅(down shifting)

원어적인 개념은 자동차의 속도를 늦추기 위하여 자동차의 기어를 고속기어에서 저속기어로 변속하는 것을 의미한다. 이러한 개념을 우리들의 삶과 연관하여 그동안 우리들의 생활을 지탱하여 왔던 '빨리 빨리' 문화와 같은 고속주행의 템포에서 '느림의 철학'으로 삶의 모드를 전환하는 것을 빗대어서 표현하기도 한다. 한때 선풍적인 유행을 끌던 '패스트푸드(fast food)'를 대체하는 '슬로푸드(slow food)' 개념이 다시 도입되는 추세도 이러한 경향을 반영한다고 볼 수 있다. 즉, 성공과 출세를 위하여 당연시되던 고속주행의 삶에 대한 반향과 성찰이라고 볼 수 있다.

참 고 문 헌

임태순(2010). **경영학원론**. 한국학술정보(주).

잭 웰치(2005). **위대한 승리**. 청림출판.

전용수 · 임태순 · 강대석(2006). **현대경영학의 개관**. 법문사.

전용수 · 정승언 · 임태순(2001). **현대경영학의 이해**. 법문사.

네이버뉴스. 2008년 4월 17일. http://www.news.naver.com.

파이낸셜뉴스. 2010년 2월 24일. http://www.fnnews.com.

행복·시간·휴테크경영

Chapter 2 | 행복·시간·휴테크경영

학습목표

1. 행복경영에 대해 논의를 시작하기에 앞서 행복이란 무엇인가에 대해 생각의 시간을 갖고 무엇이 진정한 행복인가에 대해 생각해 본다.

2. 시간을 어떻게 효율적으로 활용함으로써 좀 더 능률적인 삶을 지향할 수 있는지에 대해 접근해 본다.

3. 휴테크경영의 필요성과 지향하는 점 그리고 휴테크와 휴식의 차이를 함께 생각해 본다.

1 행복경영

생각해 보기

인간의 욕구에 대해 생각해 보신 적이 있는지요? 인간의 욕구와 관련하여 매슬로는 아래의 그림과 같이 다섯 가지 단계를 가지고 있다고 말하였습니다. 나는 지금 어떤 욕구단계에 있는지 생각해 봅시다.

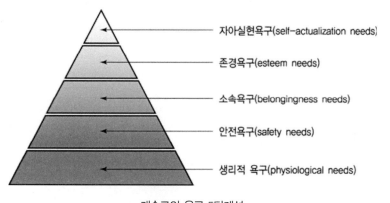

매슬로의 욕구 5단계설

자료 : 전용수 외(2002), 현대경영학의 이해, 법문사

매슬로는 동기의 원천으로 인간의 욕구를 5단계로 나누어 설명하였다. 즉, 인간의 욕구는 생리적 욕구, 안전욕구, 소속욕구, 존경욕구, 자아실현욕구 등 다섯 가지의 욕구로 구성되어 피라미드의 구조를 가지고 있으며, 하위의 욕구가 충족되면 점차적으로 상위의 욕구에 대한 관심이 높아지고, 오직 그들 욕구에 의해서만 동기가 유발된다는 이론이다.

- **1단계–생리적 욕구(physiological needs)**

  생리적 욕구는 인간의 욕구 중에서 최하위에 구성되는 욕구이다. 이러한 욕구로 의식주와 관련된 욕구가 있다.

- **2단계–안전욕구(safety needs)**

  안전의 욕구는 위협으로부터 보호받고자 하는 욕구이다. 이 욕구는 생리적 욕구가 충족되었을 때 나타나는 욕구이다.

- **3단계–소속욕구(belongingness needs)**

  소속의 욕구는 안전욕구 다음의 단계에 해당하는 욕구로서 어딘가에 소속되고 싶은 욕구이다. 우리가 동아리회와 같은 사회활동을 하는 모든 욕구가 이 소속의 욕구에 많이 기반을 두고 있다고 하겠다.

- **4단계–존경욕구(esteem needs)**

  존경의 욕구는 남으로부터 존경을 받고 싶은 욕구이다.

- **5단계–자아실현욕구(self-actualization needs)**

  자아실현의 욕구는 욕구 5단계설에서 가장 최상위의 욕구이다. 이는 인간으로 자아를 실현하는 욕구라고 할 수 있다.

이 이론은 동기부여에 있어서 욕구를 분류할 수 있는 틀을 제공하였다는 점에서 높이 평가되나, 인간의 욕구구조가 단순하지 않아서 하위의 욕구가 충족된다고 꼭 상위의 욕구로 이전한다고 입증할 증거가 없다는 한계를 가진다.

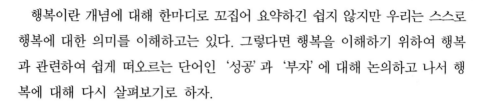

1) 행복

행복이란 개념에 대해 한마디로 꼬집어 요약하긴 쉽지 않지만 우리는 스스로 행복에 대한 의미를 이해하고는 있다. 그렇다면 행복을 이해하기 위하여 행복과 관련하여 쉽게 떠오르는 단어인 '성공'과 '부자'에 대해 논의하고 나서 행복에 대해 다시 살펴보기로 하자.

(1) 성공(成功 : success)

성공이란, 설정한 목표에 대한 긍정적인 완성을 의미하며 주로 노동을 통한 성공을 의미하나, 광의의 개념으로 성공이 사회적으로 널리 인식되어 인정되는 경우로 '입신양명(立身揚名)'의 개념과 같이 통용되기도 한다.

(2) 부자(富者 : the rich)

물질적인 풍요를 누릴 수 있을 정도로 소유한 사람의 개념으로 주로 물질적인 측면에서 해석이 되며, 경제적으로 구애됨이 없이 자유로운 사람을 부자라고 할 수 있다. 특히, 우리나라의 경우는 1997년에 IMF 경제체제를 겪으면서 부(富)에 대한 인식의 증대로 인하여 부와 관련된 내용들이 마음속으로부터 나와서 오픈하고 적극적으로 접근하는 경향을 보이고 있다. '돈치(금융 문맹)'라는 개념이 등장했고, 개인자산관리의 비중 증대에 따라 PB(Private Banker : 은행의 고액자산관리담당직원), FP(Financial Planner : 개인의 재무를 설계해 주는 재무설계사), 또는 WM(Wealth Management) 등의 개념으로 영역이 확대되고 있다.

2) 진정한 행복

행복의 조건으로 위에서 논의했던 성공, 부자, 믿음, 사랑, 우정, 종교, 혹은 지금 직면하고 있는 어려운 현안들의 해결 등으로 생각될 수도 있으나 진정한 행복은 다음과 같은 것들이 구비될 때 얻어지는 것이 아닐까요?

(1) 목표설정

행복의 전제조건은 목표설정이다. 누군가 이야기했듯이 '목표가 있어서 생이 아름답고 행복하다' 란 의미는 명확하게 설정된 목표가 존재할 때 생에 대한 의미와 행복이 존재하리라 생각된다.

(2) 몰 입

목표에 대해 나의 모든 에너지를 불사르면서 처절하게 나의 목표를 달성하기 위하여 최선을 다하는 모습이야말로 내 스스로 나를 가장 사랑할 수 있는 시간이라 생각되고 이런 과정 속에서 느끼는 행복이야말로 진정한 행복이라고 생각된다. 따라서 행복이란 남에 의하여 얻어지는 것이 아니고, 자신에 의하여 창출되는 산물이라고 할 수 있다.

3) 행복한 가정경영의 노하우

행복한 가정을 유지하기 위해서 요구되는 가정경영의 남다른 방법이 있을까? 세상의 모든 일이 원인 없이 발생하는 것이 없듯이 행복한 가정도 우연히 갑작스럽게 우리들의 앞에 나타나는 것이 아니고, 이를 성취하고 유지하기 위한 노력이 수반될 때에만 가능하다는 사실을 부정하는 사람은 없을 것이다(Note 2-1).

Note 2-1

행복한 가정경영의 노하우

- **사랑의 마음을 자주 전달하라**
  스킨십을 한다면 더욱 효과적이다.

- **뜻밖의 선물**
  뜻밖의 선물은 감동을 더 크게 하고 정성이 있는 선물은 오해를 불식시킨다.

- **마음을 담은 편지**
  표현하기 어려운 것은 말 대신 글로(문자메시지, 이메일) 표현한다.

자료 : 가정경영연구소 김학중 소장

> "울리지 않는 종은 종이 아니며 부르지 않는 노래는 노래가 아니고, 표현하지 않는 사랑은 사랑이 아니다"
>
> −시인, 하만스타인(Hammanstein)

2 시간경영

생각해 보기

아침형 인간의 대부격인 안현필(영어실력기초 저자) 선생님 이야기를 생각해 봅시다.
안현필 선생님께서는 아침 4시경 기상하여 아침을 거르고 집필 작업에 돌입하신다고 한다. 그렇게 오전 11시까지 집중하여 오전 동안만 총 7시간을 작업하신다고 한다. 이는 보통사람들의 하루 일과를 오전 중에 마무리하는 폭이 된다.

다음의 글을 통하여 우리들의 시간경영에 대해 각자 생각해 봅시다.
아래 글은 서울사이버대학교에 지원하신 분의 지원동기 내용을 지원자의 허락하에 인용하였다. 지원자는 서울사이버대학교에 합격하였고, 현재 ○○산업 경영○○이사로 계신다.

−중략−

직장생활은 아무 문제가 없게 하겠습니다. 제가 직접 경영하는 것이나 마찬가지이기 때문에 절대 회사에는 피해가 가지 않게 할 것이며 업무를 뒤로 미루는 일도 없도록 하겠습니다.

평소 아침 4시 30분에 기상하여 회사근처 헬스클럽에 6시에 도착하여 운동 1시간, 샤워 30분하고 7시 30분이면 회사에 도착합니다. 아침에 1시간 정도 예습 또는 복습을 하고 18시에 업무 종료해서 22시까지 교육을 받을 수 있도록 하겠습니다. 물론 출장이라든지 뜻하지 않은 일이 발생할 수도 있겠지만, 그러한 것은 조절해 나가도록 하겠습니다.

그리고 배움을 바탕으로 해서 경영전반에 걸친 전략이라든지 경영기획을 수립하고 설계해 나가며 회사의 기반을 확고하게 정착하는 데 많은 기여를 하고 싶습니다. 변하지 않으면 생존할 수 없다는 기치를 걸고 열심히 해보겠습니다.

−중략−

1) 시간관리

(1) 시간관리의 핵심

시간관리의 핵심은 두 가지로 요약될 수 있다. 우선은 부족한 시간을 위하여 시간을 늘리는 방법과 늘리기가 어렵다면 집중도를 높임으로써 시간을 압축하는 방법이 있을 것이다.

- **시간을 어떻게 넓힐 것인가?**

  24시간 중에서 내가 활용할 유효시간을 발굴하여 늘리는 문제가 있다.

- **시간을 어떻게 효율적으로 사용할 것인가?**

  유효한 시간에 집중도를 높임으로써 효율적으로 활용할 것인가? 하는 문제가 있다.

(2) 시간경영[1]

효율적인 시간관리를 위한 방법으로 자아경영을 설파했던 공병호 박사의 시간경영법을 함께 나누어 보고자 한다. 공병호 박사는 효율적인 시간경영을 위하여 다음과 같은 몇 가지 방법을 제안하였다.

① 아침형 인간

일찍 일어나라. 그리고 확보한 시간을 최대한 활용하라. 시간경영의 비밀은 새벽과 아침시간대에 있고 이를 창조적인 일에 활용하라.

② 새벽과 아침시간대의 낭비 척결

출퇴근시간의 활용도를 높여 낭비를 줄인다. 즉, 제약조건을 자유의지로 극복한다.

③ 시간관리 '시계부' 작성

가계부, 차계부, 운동가계부 등과 같이 시간가계부를 작성하여 시간을 기록하고, 분석하고, 관리하라. 그리고 새로운 목표를 설정하여 실천하라.

---

1) 공병호(2001), 자기경영노트, 21세기북스

④ 기록하는 습관

하루를 마감할 때 내일은 무엇을 할 것인가? 하는 계획을 기록하고, 내일 아침 실행할 수 있도록 하라.

⑤ 주어진 상황에서 최대한 집중할 수 있는 장소나 시간대를 찾아라

80%의 낭비핵심은 집중적인 시간경영에 실패하기 때문이므로 지속적으로 집중이 가능한 시간과 장소를 찾아라.

⑥ 창조를 위해 쉬어라(휴테크)

새로운 창조를 위해선 잠시 새로운 생각이 들어올 공간을 만드는 일도 필요하다. 창조적인 활동을 하는 많은 예술가들이 작품의 영감을 쉬는 동안 일상에서 얻는 것과 같은 이치이다. 휴식을 통하여 새로운 창조를 이어나가는 것이다.

⑦ 생활에 악센트를 주어라

시간운용은 강약 강약을 반복할 수 있게 하라.

집중도가 최대한 지속될 수 있는 60분을 기준으로 시간가계부를 적어 나가라.

2) 시간경영의 실례

다음으로는 류비셰프의 시간경영의 실례를 통하여 류비셰프가 얼마나 지독하게 시간경영을 했는가를 살펴보고자 한다. Note 2-2에 예시된 류비셰프의 일기를 보면 그는 본인이 보낸 시간을 나누어 봄으로써 효율적으로 시간관리를 했음을 살펴볼 수 있다. 그는 기록을 함에 있어서 일자를 적고 어떤 일에 얼마의 시간을 소비했는가를 일일이 기록하는 방식을 택하였다.

시간경영을 하는 사례로 그의 기록방식을 살펴보는 것은 참으로 의미 있는 일이라고 생각된다. 자신이 소요한 시간을 기록함에 있어서 보통사람들이 간과하기 쉬운 부분까지 정밀하게 기록한 일면을 보면 우리들이 배울 점이 참으로 많다고 생각된다. 그는 자신이 투자한 시간에 대해 언제(년, 월, 일), 어디서(장소), 어떠한 일로(업무내용), 얼마만큼의 시간(소요시간)을 소비했는가의 순서

로 상세하게 기록하는 방식을 취하였다. 다음 Note 2-2를 통하여 그가 기록했던 내용을 살펴보기로 한다.

하루일기

1964년 4월 7일, 울리야노프스크
- 곤충분류학 : 알 수 없는 곤충 그림(3시간 15분)
- 곤충을 조사함(20분)
- 추가업무 : 친구에게 편지(2시간 45분)
- 사교업무 : 식물보호단체 회의(2시간 25분)
- 휴식 : 친구에게 편지(10분)
- 기본업무(6시간 20분)

3 휴테크경영

생각해 보기

밸런스경영의 중요성에 공감하십니까?

주 5일제 도입과 함께 '밸런스(balance)경영'이 기업의 경쟁력을 높인다는 판단 아래 휴테크 바람이 직장에도 불고 있다. 핵심을 정리해 보면 다음과 같이 요약된다.

- 칼퇴근 하기
- 자기계발에 집중하기
- 자기 건강 챙기기

1) 휴테크경영 진단

휴테크에 대한 인식이 점차 기업의 경쟁력으로 인식되어 가고 있다. 좀 더 창조적인 활동을 위하여 휴테크경영의 중요성이 점차 부각되고 있는 실정이다.

표 2-1은 본인이 속한 직장의 휴테크경영 점수를 체크해 볼 수 있는 지표로, 이를 통하여 휴테크경영 점수를 체크해 볼 수도 있지만, 휴테크경영 점수를 지수화하는 항목을 세심하게 살펴봄으로써 휴테크경영에 대한 중요성을 다시 환기시킬 수 있으리라 생각된다.

표 2-1 휴테크경영 진단

진단요령	아래에 예시된 16개의 진단문항에 대하여 '예'에 해당하는 문항이 몇 개인가를 평가함
진단문항	1. 주로 정시에 퇴근한다. 2. 팀과 부서 간에 스케줄 조절 게시판이 있다. 3. 근무제를 유연하게 운영한다. 4. 불필요한 회의와 같은 업무를 방해하는 요인을 해결하려고 노력한다. 5. 탁아시설을 운영하거나 운영하지 못해도 탁아비용을 지원한다. 6. 산전휴가, 산후휴가를 쓰는 데 눈치를 보지 않는다. 7. 일로 인하여 주말에 가족과 함께하지 못하는 경우는 거의 없다. 8. 가족 간의 갈등이나 고민을 상담하는 프로그램이 직장에 있다. 9. 직장에서 업무관련 교육을 충분히 받을 수 있게 되어 있다. 10. 직무교육 외에 자기를 계발할 수 있는 프로그램이 있다. 11. 퇴직 후의 삶을 준비할 수 있는 퇴직관리 프로그램이 있다. 12. 인생 설계에 대해 상담할 수 있는 전문인력이 있다. 13. 스트레스관리 프로그램이 있다. 14. 여가생활(취미 활동, 동호회 활동)을 배려해 준다. 15. 건강관리 서비스를 제공받는다. 16. 유연한 휴가사용(예 : 안식휴가, 집중휴가)의 기회가 있다.
종합평가	4개 이하＝휴테크경영이 요망되는 직장 5~12개＝보통 13개 이상＝즐거운 직장

자료 : 김정운(2005), 노는 만큼 성공한다, 21세기 북스

2) 휴테크와 휴식

휴테크의 개념은 새로운 창조와 재충전을 위한 준비과정의 성격이 강한 데 반하여, 휴식은 단순한 육체적인 쉼의 의미로 해석될 수 있다. 따라서 휴테크의 개념은 휴식의 개념을 포함하며, 휴식보다 목적을 가진 광의의 의미로 이해하면 될 것이다. 마치 '시간은 돈이 아니라 행복'이란 개념과 '준비되지 않은 여가는 재앙'이란 개념은 휴테크의 중요성을 잘 나타내고 있다고 할 수 있다.

여가를 뜻하는 그리스어 '스콜레(scole)'가 오늘날 학습을 의미하는 학자(scholar)의 어원이라든지, 여가의 핵심인 '레크리에이션(recreation)'이 새로워지는 '나아가 회복과 재생'을 의미하는 것은 참으로 흥미롭고 휴테크의 의미를 올바르게 제시하고 있는 듯하다.

휴테크의 실례로 스페인의 '시에스타'를 설명하고자 한다. 스페인의 작은 도시의 상점들은 주중에도 오후 2시에서 5시를 '시에스타(낮잠을 자는 시간)'로 하는 곳이 꽤나 많다. 상점뿐만 아니라 경찰서도 아침부터 줄을 서도 오후 2시가 되면 "내일 오세요."라고 태연히 말한다. 스페인 사람들은 이러한 문화에 익숙하여 별 불편함을 느끼지 못하는 것처럼 보이는데, 이는 경제적 보상보다는 삶의 질을 더 중요시하는 남유럽나라답게 즐기면서 생활한다는 점에서 우리나라와 많은 차이점을 가지고 있다.

> "휴식은 대나무의 마디와 같은 것이다. 마디가 있어야 성장하듯이 사람도 쉬어야 하고 기업도 쉬어야 강하고 곧게 성장할 수 있다."고 하여 휴테크의 중요성과 필요성을 인식하고 재충전을 통한 에너지 집중을 이미 오래전에 설파하였다.
> —혼다 창업자, 쇼이치로

심화학습

休테크'해보시죠?

'휴테크(休-tech)'는 여가를 의미하는 휴(休)와 기술을 의미하는 영어단어 테크놀로지(technology)의 약자 테크(tech)의 결합어로 말 그대로 쉬는 기술을 의미한다.

휴테크라는 말이 등장한 것은 2003년으로 김정운 명지대 교수와 윤은기 서울과학종합대학원 총장이 '휴테크' 관련 책을 출판하면서 주목을 받기 시작했다. '여가도 투자다. 여가를 보내는 데도 자기만의 노하우가 필요하다'는 주장은 기업들뿐만 아니라 개인들에게도 신선한 충격이었다.

이후 상당수의 기업들이 장기·분산휴가 및 재충전 휴가를 도입하게 되었고, 휴일을 몰아서 한꺼번에 쉴 수 있게 한 '집중휴가' 제도가 속속 채택되어 2주 이상의 휴가는 꿈도 꾸지 못하던 월급쟁이들의 현실에 변화가 일기 시작했다. 아울러 여름에만 몰려 있던 휴가도 연중 상시체제로 굳어져 가고 있다.

그렇다고 우리의 여가 문화가 우리보다 1세기 앞서 여가의 가치를 인식하고 휴가를 기본적인 권리로 법제화한 서구 선진국들과 비슷한 수준에 올랐다고 볼 수 있을까?

이에 대해 최석호 레저경영연구원장은 "아직은 멀었다."고 단언한다.

우선 기업들이 휴테크경영을 주창하는 배경부터 유럽과는 많은 차이가 있다. 우리 기업들이 생각하는 휴식의 취지가 '열심히 일한 것에 대한 대가'라면 유럽은 '업무 이외의 활동으로 만족을 느낄 권리'로서 생각하고 있다는 것이다.

직장에서 재충전을 위한 휴식을 권장하고 있어도 서로 눈치를 보다가 휴가시기를 놓쳐 반납하는 사례도 많으며, 대부분의 회사에서는 시즌을 벗어난 휴가는 꿈도 못 꾼다는 것이다.

전문가들은 이 같은 현실을 개선하려면 제도적으로 휴식을 강제로 할 필요가 있다고 주장한다. 가령 일본처럼 특정 기간을 정해 모든 직장인들이 휴가를 가는 '골든위크제'를 운영하는 것도 방법이다. 일본 역시 인사고과가 두려워 휴가를 떠나지 못하는 직장인이 많았으나 골든위크제를 시행하고부터는 모든 사람들이 강제로나마 휴식을 취하게 되었고 자연스럽게 여가문화가 발전하게 되었다. 하지만 자기만의 휴테크를 만들고 활용하는 사람은 많지 않다.

주 5일제가 법제화되고 장기·분산휴가제가 시행되어도 개인들이 이를 누릴 줄 모른다면 제아무리 선진화된 제도라도 유명무실해질 뿐이다.

재충전 휴가제도 운영 현황

- 58.5 (276) 재충전 휴가제도가 없다
- 20.0 (26) 재충전 휴가제도가 있다
- 21.5 (28) 재충전 휴가제도 도입 예정

단위 : %
자료 : 인크루트
*( )는 기업 수, 100명 미만 기업 130곳 조사 결과

• 休-tech 이렇게 해보자

2~3년 전을 기점으로 상당수의 기업들이 '휴테크 시대'의 요구를 반영, '장기·분산휴가제'를 도입하기 시작했다. 일주일, 길어야 열흘 정도 누렸던 여름휴가가 장기휴가제 도입 이후 2주에서 많게는 한두 달 이상까지 길어졌고, 연중 아무 때나 휴가를 떠날 수 있게 되었다.

하지만 깔아진 멍석에도 노는 방법을 모르는 한국의 일벌레들은 "길게 쉬면 후유증이 더 심해진다."는 불평을 한다. UN, ILO 등에 의해 국제법으로 휴식의 권리가 인정되고 있고 상당수의 기업들이 장기·분산휴가제를 도입했음에도 휴가를 반납하는 사례가 아직도 많다.

최석호 원장은 이와 관련 "한두 달은 그다지 긴 휴가기간이 아님에도 많은 이들이 노는 것에 익숙하지 않기 때문에, 또 노는 방법을 모르기 때문에 그 기간이 길다고 느끼는 것"이라고 지적했다.

그렇다면 잘 노는 방법은 무엇일까?

• 계획을 세워라

장기휴가를 성공적으로 보낸 이들은 모두 "휴가 기간만큼이나 오랜 시간 동안 계획을 세웠다."고 말한다. 휴가 계획을 세우는 일은 거창한 것이 아니다. 무엇을 가장 하고 싶은지 고민해 보는 게 바로 계획이다. 여행, 독서, 등산 등의 취미생활을 하든 평소 미뤄뒀던 공부를 하든 가장 하고 싶었던 일을 정리해 보고 순위를 매겨야 한다.

다음은 그 일을 하기 위해 준비해야 할 것들을 하나씩 정리해 보면 좋다. 가령 여가시간을 활용해 사진을 찍기로 했다면 그 전에 카메라를 어떤 것을 구입할 것인지, 또 구입한 카메라 사용법을 익히는 데 얼마간의 시간을 할애할 것인지 등을 생각해 둬야 한다.

만약 사진 강좌를 듣기로 했다면 어디에서 강좌를 들을 것인지 수강료는 얼마인지 어느 정도까지 사진 찍는 기술을 익힐 수 있는지도 알아봐야 한다. 만약 독서를 하기로 했다면 읽고 싶은 책 리스트를 만들고 등산을 가기로 했다면 어떤 산을 얼마간의 일정으로 갈 것인지 세부 계획을 짜야 한다. 이 모든 과정은 여가를 준비하는 과정인 동시에 여가 생활의 일부다. 계획이 구체적이고 준비기간이 충분해야 여가만족도가 커진다.

• 욕심은 금물

계획을 세울 때 욕심은 금물이다. 휴식과 자기 계발의 시간을 충분히 가질 수 있도록 계획을 짜야 한다. 빠듯하게 목표를 세워 지키기보다는 하고 싶었던 일 한두 가지를 제대로 하는 것이 현명하다. 한 달 이상의 장기 휴가를 다녀온 사람들 중 상당수가 휴가 후 업무 의욕이 떨어졌다고 하소연하는 것도 욕심을 부렸기 때문이다. 휴가 기간에 앞서 그간 세워뒀던 계획을 점검할 시간도 필요하며, 휴가 막바지 2~3일은 업무 복귀를 위해 마음을 가라앉힐 수 있도록 여유 시간을 따로 챙겨야 한다.

하고 싶던 일을 토대로 계획을 세우고 충분한 휴식시간을 배정했는데도 시간이 많이 남을 경우 계획을 더 세워 일정에 맞추기보다는 연중 3~4차례 휴가를 다녀올 수 있게 분산하는 것도 방법이다. 특히, 길게 쉬는 데 익숙하지 않다면 짧게 여러 번 나눠 쉬고 장기간 하고 싶은 일이 생겼을 때 몰아서 사용할 수 있도록 아껴두는 것도 좋다.

• 평소 노는 법을 익히자

최석호 원장은 "한국인들은 휴가를 보내는 방식이 천편일률적"이라고 지적했다. 여행 아니면 집에서 허송세월 보내는 게 대부분 직장인들의 휴가라는 얘기다. 또한 사람들은 여행을 가도 남들 다 가는 곳에 특별한 목적도 없이 가는 게 대부분인데 이는 평소에 자신이 무엇을 좋아하고 어떻게 놀아야 하는지 잘 모르기 때문"이라고 지적했다.

그는 또 "평소 노는 법을 배워야 장기 휴가도 효율적으로 활용할 수 있다."며 "노는 법을 배운다는 건 평소 다양한 취미활동을 하며 좋아하는 게 뭔지 파악하는 것"이라고 설명했다. 여행을 좋아한다면 휴가를 떠나기 전부터 방문할 여행지의 언어를 배우거나 그 지역의 역사 · 문화 등을 다룬 책을 읽는 것도 여가 공부의 예다.

자료 : 서울경제, 2007년 10월 24일

용어정리

휴테크

휴테크는 한자어인 '휴(休 : 쉴 휴)'와 기술을 의미하는 '테크놀로지(technology)'의 '테크 (tech)'의 합성어이다. 아마도 쉬는 것도 막연히 쉬는 것이 아니고 좀 더 효율적이고 기술적으로 휴식을 취하여 발전과 창조를 위한 준비과정의 일환으로 여기는 뜻이 담겨 있다고 볼 수 있다.

시에스타

시에스타란 스페인에서 낮 시간에 잠을 취하는 오수(午睡)를 말한다. 이는 낮 시간인 오후 2시에서 5시를 낮잠을 자는 시간으로 정하여, 상점뿐만 아니라 경찰서까지도 문을 닫는 관습적인 문화이다.

참 고 문 헌

공병호(2001). **자기경영노트**. 21세기북스.

김정운(2005). **노는 만큼 성공한다**. 21세기북스.

김정운(2003). **휴테크성공학**. 명진출판.

임태순(2010). **경영학원론**. 한국학술정보(주).

임태순(2010). **핵심재테크**. 이담북스.

전용수·정승언·임태순(2002). **현대경영학의 이해**. 법문사.

한상복(2003). **한국의 부자들**. 위즈덤하우스.

서울경제. 2007년 10월 24일. http://www.hankooki.com.

가정경영 : 부부

학습목표

1. 가정경영에 대해 생각할 시간을 갖는다.
   우선 결혼생활 리모델링의 차원에서 부부의 역할에 대해 생각할 시간을 갖고, 타인의 입장에서 생각하지 못한 잘못된 습관에 대해 생각할 시간을 갖는다.
2. 여러 가지의 상황설정 및 설문조사 결과를 토대로 결혼생활에 대해 남편과 아내의 입장에서 서로를 배려할 수 있는 시간을 갖는다. 특히, 애정과 목표를 공유하는 부부에 대해 논의한다.
3. 행복한 부부가 되기 위한 행동규범인 부부헌장을 통하여 결혼생활 리모델링을 마무리하는 시간을 갖는다. 유부남과 유부녀의 헌장을 알아본다.

1 역할과 습관의 재구성

> 생각해 보기
>
> 아래에 제시된 '상황'은 부부의 불만을 소개한 것으로 제시된 설정을 살펴보고, 자신의 의견은 어떠한지 생각해 봅시다.
>
> • 상황설정
>
> 결혼 10년차 부부인 남편 가부장(가명 40, 홍보실장) 씨와 아내 나알뜰(가명 37, 디자이너) 씨의 경우이다.
>
> 　나알뜰 씨는 연애시절엔 하루가 멀다 하고 치마만 즐겨 입었으나, 결혼 후엔 임부복 말고는 입어 본 적이 없다. 아내가 가장 좋아하는 옷은 단연 '트레이닝복'. 그것도 무릎 위까지 둘둘 말아 올린 '모내기' 스타일이다.
>
> • 부부의 불만
>
> 아내(나알뜰 씨) : 퇴근하자마자 귀가해서 저녁식사 준비해야죠, 아이들 씻겨 숙제 봐 줘야죠. 꾸밀 시간이 있으면 10분이라도 잠을 더 자겠네요.
>
> 남편(가부장 씨) : 최소한의 성의라는 게 있잖아요. 남편은 남자가 아닌가요?

1) 부부역할의 재구성[1]

맞벌이 부부의 증가와 함께 전통적으로 유지되던 부부역할에 대한 재구성이 절실히 요구되고 있다. 이러한 역할에 대한 재구성은 남편과 주부가 서로 상대방에 대한 이해와 사랑이 있는 배려가 선행되어야 한다. 최근 조사에서 우리나라 부부 다섯 쌍 중 한 쌍만이 행복한 부부라고 답을 했다는 결과는 부부관계에 개선할 많은 여지가 있음을 보여 준다고 할 수 있다. 행복한 부부가 되는 '결혼생활 리모델링'을 함께 생각해 본다.

(1) 함께하는 집안일

부부는 서로 '가정의 공동 경영자'란 생각을 가지고 임해야 할 것이다. 남편들 중에는 바깥일만 잘하면 남자의 역할을 다한다고 생각할 수도 있기에 생각의 저변엔 항상 '함께'가 아닌 '도와준다'는 의식이 있어서 갈등을 초래할 수 있다. 이해를 돕기 위하여 간 큰 남편형과 무관심한 남편형을 상황으로 설정해 보았다.

---

1) 동아일보, 2006년 1월 9일

① 간 큰 남편형

■ 상 황

나간큰(가명 42, 회사원) 씨는 아이 둘을 키우면서 기저귀 한번 갈아 준 적이 없다.

술을 마시고 새벽에 들어가기 다반사였는데, 큰아들이 초등학교를 졸업할 무렵 아내가 허리가 아프고 발목이 쑤신다고 고통을 호소하면서 덜컥 겁이 났다.

■ 현 재

"아내의 고통이 심한 날은 걸음도 못 걸을 정도였어요. 그때부터 주말에 청소, 빨래, 식사준비는 제 일로 생각하고 직접 하려고 했어요." 그는 "아내가 제발 오래 함께 살았으면 하는 심정입니다."라고 말한다.

② 무관심한 남편형

■ 상 황

오랫동안 의사인 남편과 사귀다 결혼한 나포기(가명 45, 주부) 씨는 '포기'를 통해 삶의 평화를 찾았다. 나포기 씨는 남편의 무관심으로 우울증까지 겪었다.

■ 현 재

"도와 달라"고 하면 남편은 "당신이 나와서 병원일 할래?"하면서 무관심 하던 중 어느 날, 아이가 교과서에 나온 부모의 역할을 보고 "왜 아빠는 집안일을 하지 않느냐", "책이 잘못된 것 아니냐"는 물음을 받고 마음이 바뀐 경우다.

(2) 단점을 장점으로

다음에 제시된 상황설정은 노력으로 위기를 넘긴 부부의 상황이다. 노력의 중심에는 단점을 단점으로 남기지 않고, 그것으로 인해 오히려 도움이 되는 장점으로 승화시킨 지혜가 있었다.

■ 상 황

결혼한 지 14년 된 나현명(가명 42, 주부) 씨는 상담을 통해 무관심한 남편이 스스로를 돌아볼 수 있는 기회를 만들어 주었다. 상담 내용 중에는 남편의 장점을 30가지 적는 시간이 있었는데, 아무리 생각해도 장점이 생각나지 않아 단점을 장점으로 만들어 적었다. 즉, '아이들은 돌보지 않지만, 열심히 일해 고맙다', '당신이 매우 늦게 귀가해 아이들과 함께 지낼 시간이 많았다' 라고 말이다.

■ 현 재

"배우자 사인을 받아 오라고 해서 남편에게 보여 주었더니 충격을 많이 받은 눈치였어요."라고 말한다.

2) 부부습관의 재구성[2]

본인은 습관이 되어서 인식하지 못하지만 부부간에 불편을 넘어 마음의 상처를 줄 수 있는 습관이 없는지 점검해 보는 시간을 가져 보도록 한다.

우선 치유되어야 할 행동과 언어적인 습관을 아내와 남편의 입장에서 한 가지씩 들어 본다. 부부가 파경에 이르는 과정에서 남편이나 아내의 무신경한 생활습관이 부부관계를 악화시키는 경우가 있다고 한다. 치유되어야 할 행동의 습관을 남편과 아내의 입장에서 각각 상황 설정해 보았다.

(1) 치유되어야 할 행동의 습관(남편의 불만)

■ 상 황

회사원 정모(43) 씨는 아내가 식구들이 잘 안 먹는 반찬을 상할 때까지 냉장고에 방치하는 것을 보면 속이 터진다. "먹든지 아니면 버리든지, 왜 매일 냉장고 안에 방치하냐고요?"

---

2) 동아일보, 2006년 1월 16일자 기사내용을 저자가 재구성함

(2) 치유되어야 할 언어적 습관(아내의 불만)

■ 상 황

평소 내성적인 남편이 가정의 주도권을 아내에게 빼앗기자 이에 대한 불만으로 아내의 신체적인 약점을 빗대어 "돼지", "뚱보"라고 놀렸다가 아내가 화를 내면 "농담이야."라고 말하는 경우가 있다.

2 애정과 목표의 재구성

생각해 보기

기혼남성 50명을 상대로 아내가 나에게 한 가장 끔직한 말과 아내에게 정이 떨어지는 상황이 언제인가?라는 설문조사를 하였다. 다음의 설문조사결과를 보고 함께 생각할 시간을 가져 봅시다.

• 아내가 나에게 던진 가장 끔직한 말은?

  1순위 : 돈과 관련된 내용

       (예) '돈도 못 벌어 오는 주제에'

          '돈을 못 벌면 ○○일이라도 잘 하던가'

  2순위 : 시댁, 시어머니 욕할 때

  3순위 : 다른 남편과 비교할 때

  기 타 : '당신이 원래 그렇지', '애가 누굴 닮아 이래?' 등의 빈정거림

• 아내에게 정이 똑 떨어지는 상황은?

  1순위 : 방귀 뀌고 그 냄새를 손에 남겼을 때

  2순위 : 부스스한 모습으로 집안을 어슬렁거릴 때

  3순위 : 술 먹고 들어가는데 문 안 열어 줄 때

  4순위 : 세수 안 하고 밥 먹을 때

  5순위 : 내 이름으로 보험 들었다고 했을 때

자료 : 조선일보, 2005년 10월 5일

1) 부부애정의 재구성[3)

대한민국 부부의 행복지수는 그리 높지 않다. 행복가정재단이 조사[4)]한 결과에 따르면 행복부부지수는 30점 만점에 평균 19.75로 나타났다. 이 조사에 따른 요즘 부부들은 아내는 '난 이렇게 살기 싫다'고 절규하고, 남편들은 '도대체 뭐가 문제냐'라는 식으로 서로 갈등을 일으키면서 애정이 식어 가는 경우가 있을 수도 있다고 한다.

겉보기에는 멀쩡한데 집에만 들어서면 냉랭한 부부가 있다. 사랑한다고 믿고 결혼하였는데 오해가 생기고, 오해가 갈등을 부르고 서운함이 증가하여 삶에 대한 흥미를 잃을 수 있다. 이런 상황에 나와 배우자 문제를 점검할 때 염두에 두어야 할 몇 가지 사항이 있다.

- 사랑의 로맨틱은 영원히 지속되지 않는다. 사랑의 화학적 작용은 6개월 정도 지속되는 한계를 가지지만 진화한다.
- 서로 다르다는 것을 인정해야 한다.
- 상대방이 원하는 것을 알아야 한다.

Note 3-1

행복가정재단의 1234 운동

1. 하루에 한 번은 꼭 배우자에게 애정표현을 하자.
2. 일주일에 두 번은 배우자에게 감사나 칭찬의 말을 하자.
3. 한 달에 세 번은 가족과 식사하며 대화하는 시간을 갖자.
4. 4주에 한 번은 각자의 시간을 갖자.

---

3) 동아일보, 2006년 2월 13일자 기사내용을 저자가 재구성함
4) 행복가정재단이 2005년 11월 기혼남녀 152명(남성 74명, 여성 78명)을 대상으로 조사한 결과임

2) 부부목표의 재구성[5]

부부의 행복지수를 높이는 방법 중의 또 다른 하나가 부부의 목표를 재구성하는 일이라고 생각된다. 우리 속담에 사공이 여럿이면 배가 산 위로 간다는 말이 있듯이 부부가 일치된 목표를 가지고 있는 것이 행복지수를 끌어올리는 데 매우 중요하다. 따라서 서로의 가치관을 일치시키는 작업은 매우 중요하다고 할 수 있다.

(1) 단순하게 함께 오래 사는 것이 행복

행복지수를 높이기 위하여 서로의 가치관을 일치시키는 과정은 매우 중요하다. 예를 들어, 부부가 함께 스포츠 댄스를 배운다든지 아니면 자전거 하이킹을 한다든지 하면 서로 동질감을 높일 수 있고, 아울러 행복지수도 함께 높일 수 있다. 이와는 반대로 부정적인 경우의 예를 살펴보면, 남편은 근검절약을 강조하는 데 반하여 아내는 폼나는 생활을 강조한다면, 서로의 가치관을 어느 정도 좁히는 것이 필요하다고 하겠다.

(2) 가정에서 작은 즐거움을 찾는 것이 행복

행복지수를 높이는 방법 중의 또 다른 하나는 가정에서 즐거움을 찾는 것이다. 비록 그것이 작은 것이라도 가정에서 찾는 즐거움은 행복으로 바로 연결되기 때문이다. 특히, 70년대와 80년대의 고도성장기를 경험하면서 직장생활에 삶의 중심을 빼앗기며 사회에서 생존을 강요당하고 가장으로서 책임감에 눌려 감정을 억누르는 삶에 익숙한 40~50대의 남편들은 아내의 애정표현조차 알아채지 못하는 경우가 많다. 이러한 상황을 반영하듯 우리나라 50대 이상에서 20년 이상된 황혼이혼이 18.3%로 20년 사이 4배로 증가했다는 통계자료는 우리가 주목해야 할 부분이라고 생각된다. 즉, 과거에는 '잘 사는 것'이 목표였지만, 이제는 '행복하게 사는 것'이 목표라는 사실을 인식해야 된다.

---

5) 동아일보, 2006년 2월 13일자 기사내용을 저자가 재구성함

행복한 결혼으로 가는 관계의 기술

- 부부싸움을 부드럽게 시작한다.
- "누가 옳으냐?"를 너무 가리지 마라 : 관대한 부부가 행복하다.
- 긍정적인 것부터 말하라 : 그래야 설득하기 쉽다.
- 상대의 요구를 귀담아 들어라 : 불행한 부부는 서로 무엇을 원하는지 모른다.
- 삶을 공유할 목표를 설정하면 먼 길 가기가 쉽다.
- 부부싸움 중에도 화해시도를 하라.
- 이혼으로 가는 지름길을 피하라(비난, 경멸, 담쌓기 등).

3 행동규범

생각해 보기

아내는 다음의 몸짓을 보고 남편이 '거짓말을 하고 있는지'를 알아낼 수 있다.

- **눈을 비빈다**

  눈은 마음의 창으로 말을 할 때 상대방 눈을 보고 하기가 쉽지 않다. 따라서 이런 어색함을 없애려고 집게손가락으로 눈을 비빈다거나, 코나 귀를 만지는 경향이 있다.

- **아랫입술을 깨문다**

  입술을 윗니로 깨물면서 이야기할 경우, 진심이 아닐 공산이 크다.

- **팔짱을 끼거나, 다리를 꼰다**

  어린 아이들이 거짓말을 할 때 '양심'으로부터 벗어나기 위해 팔을 꼬는 경향이 있는데, 어른들에게도 비슷한 유형이 나타난다.

- **귀를 잡아당긴다**

  습관적으로 귀를 잡아당기면서 대화하는 것은 내면을 들키고 싶지 않은 욕망의 표현이라고 한다.

- **얼굴이 빨개진다**

  거짓말을 할 때 피가 얼굴로 쏠리는 경향이 있다. 따라서 얼굴에 홍조를 띠게 된다. 특히, 어린 아이들에겐 이런 경향이 두드러진다.

  자료 : 잰 해그레이브, 'let me see your body talk'

1) 유부남 헌장

유부남 헌장은 행복한 가정을 위하여 유부남들이 솔선수범해야 된다고 생각되는 부분을 모아서 만든 헌장이다. 물론 유부남 헌장이 절대성을 가지고 있는 것은 아니다. 뒤에 기술되는 심화학습에서와 같이 유부남 헌장과 유사한 다른 유부남 헌장이 존재하는 것이 사실이다. 문제의 핵심은 항목 하나하나의 차이성을 비교하기보단 이런 유형의 항목들을 잘 지킴으로써 행복한 가정을 유지하고자 하는 것이라고 하겠다. 이들을 살펴보면 아래와 같다.

- 아내가 부를 땐 한 번에 바로 대답하라(항상 yes 하라).
- 소변을 볼 때는 항상 양변기 시트를 올리고 보라.
- 집에서 팬티 차림으로 돌아다니지 마라.
- 아내 앞에서 여자 연예인, 다른 이의 아내, 회사 여직원 칭찬을 하지 마라.
- 외출했다가 집에 들어갈 땐 빈손으로 가지 마라.
- 아내가 걸레를 빨면, 그대는 진공청소기를 들라.
- 설거지를 하기로 했으면(늑장 피우지 말고) 바로 해라.
- 쇼핑은 가능한 한 함께하고, 쇼핑카터의 운전수가 되어라.
- 부부간에 사랑을 확인한 후 "좋았어?"라고 묻지 마라.
  아내의 따뜻했던 몸과 마음에 찬물을 끼얹었다.

2) 유부녀 헌장

유부녀 헌장은 행복한 가정을 위하여 유부녀들이 알아두고 행동에 옮겨야 할 부분을 모아서 만든 헌장이다. 가정의 행복이 한쪽의 노력으로만 이루어질 수 없다는 사실을 이미 알고 있으리라 생각된다. 따라서 유부남 헌장에 따른 유부남의 노력과 유부녀 헌장에 따른 유부녀들의 노력이 함께 수반된다면 가정의 행복은 자연스레 다가오지 않을까 한다. 유부녀 헌장을 살펴보면, 다음과 같다 (참고로 다른 시각에서 본 유부녀 헌장을 심화학습에 정리하여 놓았다).

- 자주 남편을 칭찬해라. 남자의 엉덩이를 들어올리는 힘은 바가지에 있는 것이 아니다.
- '남자 구실 못한다' 는 말은 삼가라. 남편이 그대를 기쁘게 하면 잊지 말고 보상해 주어라.
- 남편을 옆집 남자나 친구 남편과 비교하지 마라.
- 남편이 설거지를 미루더라도 꾹 참고 기다려라.
- 남편에게 '청소하라' 고 시키는 것은 좋다. 그러나 더 좋은 것은 '청소할까?' 라고 남편이 생각하게끔 만드는 일이다.
- 남편이 여자 만나는 것을 과민하게 여기지 마라. 많이 만날수록 아내 귀한 줄 알게 된다.
- 남편을 세뇌시켜라. "당신은 '남 편(남의 편)' 이 아니라 '내 편' 이라고"

 심화학습

유부남 헌장

1. 아내가 TV를 볼 때 감히 다른 프로그램 보겠다고 설치지 마라.
2. 피곤해도 양치질과 샤워는 잊지 말고 하고 자라.
3. 휴일에는 집에만 있지 말고 아내와 함께 바깥으로 나가라.
4. 아내가 걸레를 빨면 창문을 열고, 설거지를 하면 청소기를 돌려라.
5. 쇼핑은 가능한 한 함께! 아내에게 남편과의 쇼핑은 사랑을 확인하는 일이다.
6. 퇴근 전 아내에게 전화하는 버릇을 들여라. 동시에 아내의 전화는 반드시 성의 있게 받으라.
7. 두 시간 정도 전화로 수다를 떤다고 해서 아내를 결코 나무라지 마라.

유부녀 헌장

1. 남편이 사랑스러운 일로 기쁘게 해주면 잊지 말고 바로 보상하라.
2. 칭찬을 많이 하라. 무거운 남자의 엉덩이를 들어올리는 힘은 발차기가 아니라 바로 작은 칭찬이다.
3. 가끔 남편을 꼭 안아 줘라. 남편도 아기처럼 사랑이 고픈 법이다.
4. 남편 젓가락이 잘 가지 않는 음식은 과감히 버려라.
5. 남편이 만나는 여자들에 대해 과민하게 반응하지 마라. 세상의 절반은 여자다.
6. 남편이 때리면 헤어져라. 짐승이 인간이 된 예는 단군신화 외에는 없다.
7. 부부간에도 옷차림 등 예의는 갖춘다.

자료 : 문화일보, 2010년 2월 3일

용어정리

리모델링(remodeling)

리모델링은 다시의 개념인 '리(re)'와 '모델링(modeling)'의 합성어로 기존의 것을 다시 재정립하여 새롭게 하는 것을 의미한다. 주로 건축과 관련하여 많이 사용되는 용어이기도 하다. 오래된 집이나 아파트를 허물고 새로 짓는 방식을 택하지 않고 비용과 자원의 낭비를 방지하고자 건물의 일부를 새롭게 구조를 바꾸어 보수 작업을 하는 것을 의미한다.

참 고 문 헌

잰 해그레이브. 'let me see your body talk'
행복가정재단. http://www.ihappyhome.or.kr.

동아일보. 2006년 1월 9일, 1월 16일, 2월 13일. http://www.donga.com.
문화일보. 2010년 2월 3일. http://www.munhwa.com.
조선일보. 2005년 10월 5일. http://www.chosun.com.

4

가정경영 :
주부, 자녀, 가계결산

학 습 목 표

1. 부부경영에 대해서 아내가 원하는 최고의 남편상과 남편이 원하는 최고의 아내상을 알아본다.

2. 가정 CEO인 주부들의 관심강좌를 살펴보고, 철학을 가진 CEO인 아내의 역할과 자녀경영에 대해 알아본다.

3. 가계결산서의 개념과 작성요령을 통하여 튼튼한 가정의 돈주머니 관리요령을 살펴본다.

1 대화를 통해 본 부부연구

생각해 보기

'레오날드'하면 무엇이 생각나시나요? 사람에 따라 다르게 상상이 될 수 있습니다. 같은 맥락에서 우리는 남편이 원하는 아내상과 아내가 원하는 바람직한 남편상에 대하여 아내와 남편이 서로 정확하게 알고 있지 못할 수도 있다고 생각됩니다. 혹시 남편이 원하는 아내상이 무엇인지 알고 있다고 생각하시나요? 또, 아내가 원하는 남편상이 어떤 것인지 알고 있다고 생각하시나요? 한번 생각해 봅시다. 다음에 설문조사결과 나온 '남편이 원하는 최고의 아내'와 '아내가 원하는 최고의 남편'을 제시하였습니다.

• **남편이 원하는 최고의 아내**

  - 성적 만족감을 주는 아내
  - 동반자(예 : 사업에 협조)로서의 아내
  - 안식을 제공(집안에서)해 주는 아내
  - 언제나 몸매 유지(시각발달)에 신경쓰는 아내
    * 폭탄 맞은 머리, '모내기' 스타일의 트레이닝복 금지
  - 칭찬이나 존경을 표하는 아내

- **아내가 원하는 최고의 남편**
  - 신뢰할 수 있는 남편
    * 과음, 외도 금지
  - 끝까지 이야기를 들어주는 남편
  - 자상한(따뜻한 마음 전달) 남편
  - 경제적 어려움을 해결해 주는 남편
  - 집안일에 협조적인 남편

우리나라의 부부와 외국부부의 대화주제를 비교해 보는 것은 참으로 흥미 있는 일이다. 물론 문화나 관습 등의 차이로 인하여 대화의 주제에 영향을 줄 수도 있겠지만 부부들 간의 대화주제를 통하여 이들 부부간에 어떠한 내용이 주요한 삶의 중심으로 다가오는 기회를 살필 수 있기 때문이다.

다음의 그림들은 한국, 일본, 프랑스, 미국의 부부간의 대화주제를 비교하여 본 조사결과이다. 총 1,200명을 대상으로 조사한 결과인데, 그 결과를 보면 이들 4개국 부부들 간의 느낌을 비교해 볼 수 있다(그림 4-1~4-3).[1]

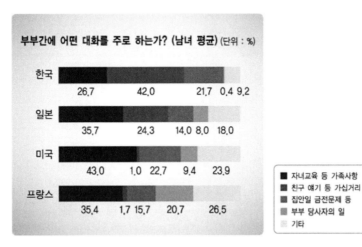

그림 4-1 부부간 대화주제

---

1) 동아일보, 2006년 2월 10일자, 다국적 제약회사 릴리에서 4개국 남녀 1,200명 대상 조사결과

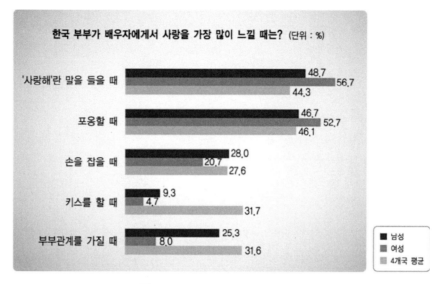

한국 부부가 배우자에게서 사랑을 가장 많이 느낄 때는? (단위 : %)

그림 4-2 배우자에게서 사랑을 느낄 때

    주제별로 비교, 분석한 결과 우리나라 부부의 경우에는 당사자들을 위한 대화보다는 돈과 자식교육 등에 관한 내용이 주된 대화의 주제로 형성되는 것으로 나타났다. 즉, 제일 중요시되어야 할 본인들 중심의 대화가 아니라는 사실이 다른 나라와 커다란 차이를 보이고 있다. 이런 연유에서인지, 배우자에 대한 만족감이 미국과 프랑스에 비해 매우 낮게 나타난 점은 주목해야 할 필요가 있는 부분이라고 생각된다.

    이들 4개국의 부부의 대화내용을 통한 설문의 결과를 좀 더 세밀하게 정리하여 보면 다음과 같다.

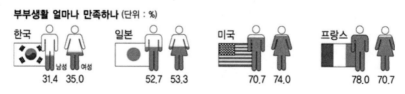

그림 4-3 부부생활 만족도

1) 대화 주제

외국에 비해 우리나라 부부들의 부부 당사자들에 관한 주제는 0.4%로 일본 (8%), 미국(9.4%), 그리고 프랑스(20.7%)에 비해 절대적으로 부족한 수준인 1/20 수준에 머무르는 것으로 나타났다.

부부간의 대화는 돈, 자식, 친구이야기 빼곤 할 이야기가 뭐가 있나? 라는 식이 주류를 이룬다.

2) 사랑을 느낄 때

부부생활에 있어 사랑이란 감정이 중요하다. '사랑해' 란 말을 들을 때와 포옹할 때가 키스할 때나 부부관계를 가질 때보다 더 많은 사랑을 느낀다고 설문에 응했다.

3) 우리나라 배우자에 대한 만족감은 미국과 프랑스의 절반 수준

부부 만족도는 우리나라가 최하위에 속한다. 조사결과를 보면 우리나라의 남성 만족도와 여성 만족도가 각각 남성 31.4%, 여성 35%로 최하위로 나타났고, 일본은 남녀 모두 50%를 넘었으며, 프랑스는 모두 70%를 넘었다.

2 CEO형 주부

생각해 보기

가정경영의 노하우에 대한 관심이 높아지고 있다. 주부들이 관심을 갖는 강좌로는 재테크, 가족 간의 대화법, 자신 및 가족의 시간관리 등으로 조사되었다.

자료 : 조선일보와 '미즈' 설문결과

표 4-1 주부들의 관심사

주부들의 관심사	설문에 대한 비율(%)
재테크	52.9
가족 간의 대화	22.9
인사관리 분야	12.1
시간관리 분야	12.1

자료 : 조선일보, 2005년 9월 13일자 기사내용을 저자가 재구성함

1) 경영철학을 가진 CEO

이 세상에는 많은 CEO들이 있다. 하지만 모든 CEO들이 추앙을 받는 것은 아니다. 가정의 CEO인 우리들도 환영받는 CEO가 되기 위해서 어떠한 요건을 갖추고 리더십을 발휘해야 할 것인가? 환영과 박수를 받을 수 있는 기업의 CEO와 같이 가정의 CEO도 어떠한 요소들을 갖춘다면 환호를 받을 수 있을까? 이들 요소들은 아래에 제시된 바와 같이 세 가지로 요약된다.

(1) 펀(fun : 재미) 경영실천

■ 아이들과 동참하기

주말이면 가족들과 카드게임을 해서 꼴찌에게 하기 싫은 가정의 일을 맡기는 방법 등을 고안한다(예 : 운동, 가족놀이를 통한 컴퓨터게임과 TV를 멀리하는 분위기 조성).

■ 모범과 솔선수범

학습하는 부모의 모습, 열심히 사는 부모의 모습을 보여 준다.

(2) 투명경영

가족회의(가족이사회)를 열어서 가정의 수입과 지출을 공개한다. 이로써 아이들이 유명 브랜드 상품을 고집하는 것을 스스로 억제하도록 하고, 아울러 집안경영에 동참을 유도한다.

(3) 비전제시

가사 노동자가 아닌 비전을 제시하는 가정의 CEO가 된다. 따라서 가족들에게 스스로 모범을 보여야 하는 의무와 함께 리더십을 발휘할 수 있어야 한다 (예 : 가족의 올해 목표를 공유).

2) 자녀경영

'세상에서 가장 어려운 것이 자식농사' 란 말이 있다. 그만큼 자녀경영이 어렵다는 사실을 증명하고 있다고 볼 수 있다. 올바른 자녀의 성장을 바라는 부모의 입장에서 주변의 많은 유혹은 항상 부담이 되는 문제가 될 것이다. 또한 세계적으로도 유명한 우리나라의 뜨거운 교육열 속에서 좋은 대학에 진학하길 바라는 부모들의 열망으로 많은 학부모들이 스트레스를 받고 있는 것이 우리나라의 현실이다. 그렇다면 어떻게 성공적으로 자녀경영을 할 것인가? 이에 대한 해답으로 네 가지를 제시해 보고자 한다.

(1) 노는 아이가 똑똑하다

IQ 시대에서 EQ 시대로 넘어감에 따라 논리적인 사고보단 감성에 대한 교육의 중요성이 점점 대두되고 있다. 경영에서도 감성경영이란 용어가 자주 등장하고 사람다움에 대한 그리움으로 마음이 가는 추세인 것 같다. 때문에 자녀들이 독서의 중요성을 느끼도록 해야 한다(예 : 부모와 함께하는 독서).

(2) 스스로 해결하게 하라

모든 문제는 스스로 해결할 수 있는 능력을 키워주어야 한다. 의사결정에서부터 책임까지, 그리고 시간관리까지 스스로 할 수 있게 도움을 줄 수 있는 부모가 훌륭한 부모이다.

가족회의(가족이사회)의 정례화를 통해 주말이나 식사시간에 많은 대화를 함으로써 자녀의 고민을 들어 주고, 조언을 해주는 부모가 되어야 한다.

(3) 역경의 아름다움을 느끼게 하라

역경의 아름다움을 통하여 스스로 성장함을 느끼게 하라. 역경은 스스로 강인해지는 학습효과를 터득하게 한다.

(4) 목표설정을 통한 경영

자녀의 목표는 부모가 아닌 자녀 스스로가 설정한 목표여야 하며, 부모는 주인공이 아닌 조언자에 머물러 있어야 한다(예 : 한국 부모와 이스라엘 부모의 차이점, 참고 : MBO(목표에 의한 경영)).

단지 부모는 목표설정의 적정성만 확인해 주면 된다.

3 가계결산서

> **생각해 보기**
>
> **라이프사이클별 수입과 지출에 대해 생각해 봅시다.**
> 경영에서 이야기하는 '제품의 생명주기(PLC)'가 있듯이 우리들의 인생을 놓고 수입과 지출에 관한 세밀한 계획을 세워 보기 전에 대략적으로라도 라이프사이클별 수입과 지출에 대해 생각해 보셨는지요?

다음의 그림 4-4에 제시된 바와 같이 사람들은 연령대별로 서로 다른 수입과 지출곡선을 가지게 된다. 이들 곡선에서 가장 두드러진 현상은 50대에는 수입과 지출의 곡선이 역전현상을 맞이한다는 사실이다. 즉, 50대가 되면 대부분의 가정에서는 절대적인 소득이 많음에도 불구하고 자녀 교육비의 증가 등으로 수입이 지출을 따라가지 못하고 가정경제가 마이너스를 기록하게 된다.

따라서 재무설계의 차원에서, 20대~40대까지 미리 잉여자산을 축적하고 효율적으로 관리함으로써 50대의 부족한 부분을 극복하고 아울러 은퇴 후의 삶을 풍요롭게 할 수 있도록 준비하는 데 있다고 할 수 있다.

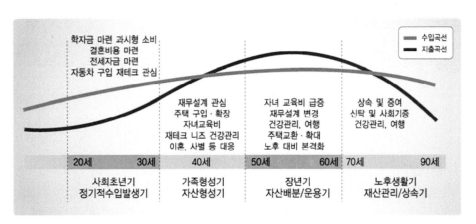

그림 4-4 라이프사이클별 수입과 지출
자료 : 한국경제신문, 2006년 3월 13일

앞에서 우리는 '생각해 보기'를 통하여 은퇴 후의 삶을 준비해야 하는 필요성을 인식하였다. 그렇다면 구체적으로 어떻게 준비하는 것이 좋을까? 우선 당장 실천에 옮겨야 할 것은 가계결산서이다. 가계결산서는 가정경제에서 수입과 지출의 흐름과 재무상태를 살펴봄으로써 미래의 재무전략을 수립하는 데 목적이 있다.

가계결산서는 기업에서 활용되는 재무제표를 가정의 경제에 활용할 수 있게 변형한 것으로 이해하면 쉬울 것이다. 그렇다면 기업에서 활용되는 재무제표를 먼저 살펴보고 이를 응용하여 가계결산서를 살펴보고자 한다. Note 4-1에서 실제 사례를 통하여 은퇴자금을 마련하는 재무진단을 학습하고자 한다.

1) 기업의 경우 : 재무제표(대차대조표, 손익계산서, 현금흐름표 등)

다음의 표 4-2에서 보이고 있는 것은 기업의 대차대조표(혹은, 재무상태표)이다. 이는 기업차원에서 회계양식에 의하여 재무상태를 나타내는 표이다.

대차대조표는 왼쪽에는 자산의 상태를 표시하고 오른쪽에는 부채와 자본을 표시함으로써 왼쪽의 자산과 오른쪽의 부채와 자본의 합이 서로 일치하게 구성되어 있다.

표 4-2 대차대조표(혹은, 재무상태표)

차 변		대 변	
유동자산		유동부채	
현금/예금			
외상매입금		비유동부채	
비유동자산			
토지		자본금	
자산 총계		부채+자본 총계	

　예를 들어, 1억 원을 주고(대출 5,000만 원, 자기 돈 5,000만 원) 집을 구입했다고 가정했을 때, 왼쪽은 자산 1억 원이 될 것이고 오른쪽은 부채 5,000만 원과 자기 돈 5,000만 원이 될 것이다. 따라서 왼쪽과 오른쪽의 합계가 각각 1억 원으로 서로 같게 구성된다. 이를 바탕으로 가정에서 요구되는 가계결산서를 위하여 아래와 같이 유도해 보고자 한다.

2) 가정의 경우 : 가계결산서(자산부채현황, 현금흐름현황)

　다음의 표 4-3에서 보는 바와 같이 가계결산서는 앞의 대차대조표(혹은, 재무상태표)와 같은 양식을 취하고 있다. 단지, 세부 항목이 가정에 적합하게 구성된 점이 차이라고 하겠다. 따라서 왼쪽의 자산(예금, 적금 등) 총계와 오른쪽의 부채와 자본 총계의 합은 결국 서로 같게 구성되어 있다.

표 4-3 가계결산서

과 목	연초잔액	연말잔액	과 목	연초자산	연말자산
[자산]			[부채]		
예금/적금			은행대출금		
전세금			임대보증금		
부동산			부채 총계		
( )			[자본]		
( )					
자산 총계			부채+자본 총계		

가계결산서 실례 및 재무진단

울산에 사는 6개월 된 아이를 가진 가장입니다. 수입이 많지는 않지만 아껴서 저축을 하고 있습니다. 저는 5년 안에 집을 넓은 곳으로 이사하고 싶습니다. 둘째아이를 계획하고 있고 은퇴자금마련 방안을 구축하고 있지 못합니다. 어떻게 하면 좋을까요?

- **가계결산서(재무상태 및 현금흐름)**
  - 재무상태

자산		부채	
수시입출금	200만 원	부채 = 0	
은행 예·적금	1,620만 원		
임차보증금	6,000만 원		
합 계	7,820만 원	순자산	7,820만 원

  - 현금흐름현황

수 입		지 출			
근로소득	190만 원	생활비	89만 원	육아비	13만 원
생산특별장려금	600만원+@(연1회)	정기적금	70만 원	보장성보험	24만 원
		누수자금	7만 원		

- **재무진단**
  - 지출관리가 잘 되고 있고 소비습관의 중요성을 인식하고 있는 가정으로 보여진다. 하지만 재테크에 대한 높은 의욕에 반해 정보수집이 부족한 것 같다.
  - 목적별 자금형성이 요구된다. 따라서 현재 자금에 대해 아래와 같이 재구성해 보았다. 즉, 어떠한 목적일 경우에 어떠한 금융상품을 선택할 것인가? 에 대한 지침으로 활용되었으면 한다.
  - 라이프사이클별 수입과 지출

기간구분	자산성향	금융상품	금 액	비 고
수시입출금	긴급예비비	일반계좌	300만 원	비상금 : 생활비의 3배가 적당
단기	수익성	MMF	1,500만 원	단기수익 목적 주택마련
단기	절세, 수익성	적립식투자	40/45만 원	
중장기	절세, 안정형	변액유니버설	30만 원	비과세투자 교육자금
장기	보장	종신/실손보상	24만 원	전 가족 보장

 **심화학습**

부부의 행복지수 체크리스트

실생활에서 쉽게 느낄 수 있는 부부간의 행동으로 부부 사이의 행복감 정도를 알아볼 수 있는 조사이다.

■ 부부의 행복지수 계산법

아래의 질문에서 본인에게 해당된다고 생각하는 내용을 체크하여, 각 항목별 점수를 합산한다. (매우 그렇다=3점, 그렇다=2점, 그렇지 않다=1점)

1. 주말이 되면 배우자와 함께 지낼 생각에 즐겁다 (　　)
2. 성 관계 시 서로에게 만족감을 느낀다 (　　)
3. 생일이나 기념일을 꼭 챙긴다 (　　)
4. 서로 칭찬하는 행동이나 말을 자주 한다 (　　)
5. 배우자가 화를 낼 때는 그만큼 정당한 이유가 있다고 생각한다 (　　)
6. 양가 부모님들께 안부 전화를 자주 한다 (　　)
7. 부모님 앞에서 배우자의 편을 들 수 있다 (　　)
8. 배우자와 자연스럽게 가사를 서로 분담한다 (　　)
9. 배우자가 아프거나 고민이 있으면 어느 것보다 먼저 돕는다 (　　)
10. 기회가 있을 때마다 포옹과 키스 등의 애정표현을 한다 (　　)
11. 의사소통이 잘 된다 (　　)

■ 점수로 본 부부의 행복지수

• 행복부부지수 16점 이하일 경우
　- 현재 상태 : 부부간에 행복감을 느끼지 못하는 경우이다.
　- 노력할 점 : 표현하지 못하는 마음을 적극표현하고 행복한 부부생활을 위한 노력이 필요하다.

• 행복부부지수 17~23점일 경우
　- 현재 상태 : 부부 사이에 중간 수준의 행복감을 느낀다.
　- 노력할 점 : 보다 적극적인 관심과 행동을 배우자에게 시도하는 것이 중요하다.

• 행복부부지수 24점 이상인 경우
　- 현재 상태 : 부부 사이에 충분한 행복감을 느낀다.
　- 노력할 점 : 앞으로도 지속적으로 현 상태를 유지하려 노력하여야 한다.

자료 : 행복가정재단

용어정리

대차대조표

대차대조표는 재무상태표라고도 한다. 차변과 대변으로 구성하여 차변에는 자산, 대변에는 부채와 자본항목을 넣어서 대변과 차변의 합이 같게 하는 재무제표의 하나이다.

참 고 문 헌

한상복(2006). **배려**. 위즈덤하우스.

동아일보. 2006년 2월 10일. http://www.donga.com.
조선일보. 2005년 9월 14일. http://www.chosun.com.
한국경제. 2006년 3월 13일. http://www.hankyung.com.

memo

Chapter

5

중년경영

Chapter 5 | 중년경영

학 습 목 표

1. 한 장의 사진을 통하여 서로의 느낌을 나눠 보는 시간을 갖고자 한다. 여러분들의 느낌을 함께 나눠 봄으로써 일단 중년경영의 방향을 설정해 놓고 살펴본다.
2. 한국의 중년(아내 편)을 통하여 아내의 입장을 살펴보고, 어려운 점을 함께 나누면서 문제점과 해결책을 논의해 본다.
3. 한국의 중년(남편 편)을 통하여 남편의 입장을 살펴보고, 어려운 점을 함께 나누면서 문제점과 해결책을 논의해 본다.

1 중년에 대한 재조명과 새로운 바람

생각해 보기

여러분들과 함께 한 컷의 사진을 감상할 시간을 가져보고 싶습니다.

1) 중년에 대한 재조명

베이비붐세대들이 은퇴를 준비하고 있다. 이들은 우리나라가 OECD국가로 성장할 수 있도록 산업의 일선에서 오직 일에 몰두하던 세대들이다. 자신이 넉넉하게 받지 못한 혜택을 아쉬워하면서 자식들만의 교육을 위하여 자신의 모든 것을 바친 세대들이다. 또한 이들은 부모님을 봉양해야 한다는 '효' 사상을 간직한 마지막 세대라고도 한다. '휴식', 아니 '쉼'이란 용어가 어쩌면 낯설게 다가오는 세대인지도 모른다.

1980년대 워크홀릭(work-holic)이란 용어가 유행했던 적이 있다. 미국인들이 일만하는, 아니 일밖에 모르는 일본사람들을 지칭한 용어였다. 하지만 일본인을 지칭했던 이런 용어의 주인공은 아마도 일본인들보다는 우리나라의 중년들이 아닌가 싶다. 1980년대에서 1990년대 사막의 모래폭풍을 맞으면서 달러화를 벌어들였던 주인공들이 바로 지금의 중년이 아닌가? 이들의 이러한 노력에 힘입어 우리나라의 국력도 이제 이만큼 신장되었다.

살펴본 바와 같이 한 치의 여유도 없이 앞만 보면서 달려온 이들 세대에 대한 재조명이 필요하다고 생각된다. 자식과 부모님, 그리고 형제들을 생각하면서 뒤를 돌아볼 겨를도 없이 앞만 보며 달려 왔기에 이들은 어쩌면 본인과 부부들의 행복을 창조하는 일에는 미숙할 수도 있다. 하지만 우리는 부부행복 창조의 시발점으로 자신들이 맞이한 중년을 새롭게 재조명해 볼 필요성이 있다고 생각된다. 국가와 가족의 차원에서 자신의 소임을 다한 중년으로서 이제는 부부인 자신들의 행복을 창출하는 데 많은 시간을 할애할 필요가 있기 때문이다.

2) 중년부부의 새로운 바람

중년은 인생에 있어서 황금기라고도 할 수 있다. 경제적으로도 어느 정도 안정이 되어 있을 것이고 자녀들도 어느 정도 성장하여 시간적인 여유를 가질 수 있는 시기이다. 하지만 이 시기에는 과거와 달리 건강에 대한 문제가 새롭게 대두될 수도 있어서 삶의 탄력이 떨어질 수도 있는 시기이다. 체력적인 저하와 스트레스의 증가, 그리고 신체적인 호르몬의 변화로 떨어지는 삶의 탄력을 어떻게 끌어올리고 활기차게 맞이할 것인가? 에 대해 노력해야 할 시기라고 생각된다.

그렇다면 자칫 떨어지기 쉬운 삶의 탄력을 활기차게 끌어올리고 아름다운 인생의 황금기를 유지하기 위해선 어떻게 해야 할까? 이러한 질문에 대한 팁(tip)으로 이웃나라인 일본의 중년부부들 사이에 유행하는 새로운 바람의 네 가지 트렌드를 살펴보고자 한다(Note 5-1).

Note 5-1

일본의 중년부부들 사이에 유행하는 새로운 바람 네 가지

- hotel(love에서 wellbeing으로)
- health(헬스, 사우나, 스파)
- golf(4인에서 2인으로)
- 스쿠터(125cc 이상)

---

② 위기의 중년 여성

생각해 보기

위기의 중년 여성이란 주제에서는 중년 여성들의 마음을 보듬어 보는 시간을 가지려 합니다. 중년 여성들이 마음에 품고 있는 고민들을 중년 여성들만의 고민이 아니고 우리들 모두의 주제로 끌어내어 우리들이 함께 생각을 공유함으로써 더 이상 이런 고민들이 '속 터지는 아내들'의 문제가 아니길 바라는 마음으로 본 주제를 선택했습니다. 따라서 이번 주제에서는 남편의 입장에서 알지 못하는 아내들의 마음을 헤아려 행복한 가정에 이르는 시간이 되었으면 합니다. 본 주제에 대한 소주제로는 '야속한 반쪽', '시금치도 안 먹어', '상전이 되어버린 수험생 자녀'입니다.

자료 : 동아일보, 2005년 9월 12일, 9월 15일, 9월 16일 기사내용을 저자가 재구성

1) 야속한 반쪽

고려대학교의 신경정신과 이민수 교수팀의 연구결과를 보면 우리나라 주부 우울증의 가장 큰 원인은 '결혼생활에 대한 불만'으로 조사되었다. 즉, 결혼생활 불만이 주부 우울증의 약 30%를 차지하는 결과가 보여 주듯이, 원인으로는 남편, 시어머니, 그리고 수험생인 자녀로 인한 스트레스가 주요한 요인으로 조사되었다. 이러한 원인에 대하여 상황을 설정하여 살펴보기로 한다.

- **애물단지형**
  > 예 새벽 귀가에 '곤드레만드레'는 일상사고, 얘기 좀 하자고 하면 바쁘다고 나가 버린다. 그래도 그것까진 참을 만한데, 친정아버지 생신날 식구들이 모이기로 하면 전날 회식 때문에 피곤하다고 드러눕는 남편

- **내 편 아닌 남 편(남의 편)형**
  > 예 주차 실수로 아내가 주차장 벽을 부딪쳤는데, 뒤따라 온 남편은 아내를 한번 보더니 자동차 범퍼가 긁혔다고 타박만 한다…. "저 남자, 정말 남편 맞아?"

- **남 앞에서 창피 주는 형**
  > 예 남편 친구들과 부부동반 모임에서 노래방을 찾았는데, 음치에 리듬감도 없어 노래를 잘 부르지 못하지만 분위기를 맞추려 용기 내어 한곡 했는데… 남편이 '친구 부인'들에게 "정말 노래 못하지, 노래 너무 못해." 하는 소리를 듣고 심한 배신감을 느꼈다.

2) 시금치도 안 먹어

주부 73.1%가 '명절증후군'을 경험한다. 시댁과의 갈등, 과도한 음식준비로 인해 어깨 통증, 요통, 심리적 스트레스 등을 경험한다(OO병원의 주부 368명을 대상으로 한 설문조사 결과).

- ■ '가정주부' 에서 '가정부' 로
  - 예 둘째 며느리인 가정부 씨는 약사인 큰며느리가 늘 바쁘다는 이유로 시댁에 늦게 오고 제사음식을 만드는 경우도 적고, 설에는 아침만 먹고는 일이 있다고 바로 가버려서 모든 일은 동서인 가정부 씨의 몫이다.

- ■ '2중의 잣대' 시어머니
  - 예 나힘든 씨는 명절저녁이면 신경이 곤두선다. 저녁에는 시누이 가족이 '친정' 을 찾는다. 시어머니는 며느리 나힘든 씨를 친정에 보낼 생각은 조금도 없이 그저 당신 딸이 빨리 오기를 기다린다.

3) 상전이 되어버린 수험생 자녀

- ■ 꺼진 불도 다시 보자
  부부싸움의 새로운 '불씨' 된 교육문제
  - 예 자녀의 성적표가 바로 엄마의 성적표로 통하는 사회. 딸이 소위 명문대 진학에 실패하자, 이 소식을 들은 나탈락 씨의 남편은 "당신 도대체 뭐 했어?"라고 말하며 도끼눈을 떴다.

- ■ 한국의 엄마는 '원더우먼' 이 되어야 한다
  - 예 만능엄마가 아니라 슈퍼맘을 넘어서 '울트라 슈퍼맘' 을 요구하는 사회

4) '엄마' 보단 '여자' 이길 원하는 남편

(1) 때론 '엄마' 에서 '여자' 로

남편은 아내가 '엄마' 역할과 '여자' 역할을 동시에 수행하는 슈퍼 우먼이기를 바란다.

- 예 나갈등 씨는 그동안 자식 대학 보내고, 남편 뒷바라지 열심히 한 자부심으로 남이 뭐래도 머리 질끈 묶고 통치마 입으며 '여자' 보단 '아내' , '엄마' 로 살아온 것을 후회하지 않는다. 하지만 남편이 아내도 '여자' 이길 바라는 마음을 알고 놀란다.

(2) **남편을 '새로운 사냥꾼으로'**

'남편은 사냥꾼이어서 이미 잡은 사냥감에는 관심이 없다'

예 어느 날 TV를 보는 남편이 "왜 마누라는 여자로 보이지 않을까?"라고 중얼거리는 소리를 듣고 놀랐다.

5) 함께 함께 다 함께

■ 가족관계의 중심이 부모와 자녀로부터 부부로 이동하는 추세가 바람직하다.

■ 부부도 남편은 경제적 부양자, 아내는 가정주부란 역할에 벗어나서 서로 간에 애정과 친밀도를 높여 가야 한다.

■ 아내의 부름에 바로 "예" 하는 남편이 되자.

   예 스포츠중계가, 신문의 기사가 혼을 빼앗는다고 해도 일단 상냥한 얼굴로 아내를 보며 바로 "예, 마님"

■ 속 깊은 남편이 되자.

   예 아내 몰래 부모나 형제에게 돈을 보내지 마라. 처가에 돈을 보낼 땐 아내에게 말하지 않은 편이 더 좋다.

3 소외되는 중년 남성

생각해 보기

다음은 아내가 모르는 남편의 마음을 헤아리기 위한 주제로 소외되는 중년 남성을 선택하였습니다. 중년 남성들이 겪을 수도 있는 '울고 싶은 남자들'의 마음을 살펴봄으로써 남편들이 겪는 마음의 애환을 살펴보고 이런 마음들을 보듬어 행복한 가정이 되는 생각의 시간을 가져봅니다. 이에 대한 소주제로는 '가장, 가정의 외딴섬', '평생 뒷바라지해야 하는 자식', '3번아 찾지 마라 6번은 간다' 등이 있습니다.

자료 : 동아일보, 2005년 9월 3일

1) 가장, 가정의 외딴섬

현재를 사는 40대와 50대의 가장들은 어쩜 변화된 사회상에 대한 혼돈의 가치관을 가지고 있을지도 모른다. 기억 속에 남아 있는 과거의 아버지상의 모습과 빠르게 변화하는 사회상 속 아빠의 존재 사이에서 방황하고 있는지도 모른다. 이러한 측면에서 몇 가지 상황을 살펴보면서 남편들이 겪는 애환을 살펴보면, 변화된 문화적 충격을 극복하기 힘들어 하는 경우가 많다. 과거엔 아버지란 이름 하나만으로도 권위가 있는 무엇이었는데, 이제는 가장의 개념이 급속하게 추락한 상황에 놓인 자신을 발견하게 되는 것이다.

예 나충격 씨는 생계해결이란 과거(60~70년대)의 최우선 과제에 최선을 다해 살아 왔으나, 자녀교육, 재테크, 웰빙문화 등으로 가정의 변모된 우선순위로 인해 가정에서의 가장의 결정권이 과거에 비해 축소된 데 대해 괴로워하고 있다.

2) 평생 뒷바라지해야 하는 자식

가장이 힘들어 하는 또 하나의 과제는 평생 뒷바라지해야 하는 자식의 문제이다. 과거에는 고등학교나 대학까지 교육비 제공해 주면 그 후엔 스스로 자립을 하는 경우가 많았는데, 사회적 변화로 인하여 이제는 변화된 현실로 인하여 자녀가 독립을 하기까지가 길어지면서 이러한 문제가 부모세대의 노후 준비에 위험요소로 등장하고 있다는 점이다. 유사한 사례로 아래의 상황을 살펴보자.

예 나몰라 씨는 자신의 노후를 준비해 놓았는데, 해외연수를 가야 한다는 자녀와 아내의 주장에 자녀의 소원을 들어 주고 나니 자신의 노후가 걱정되었다.

3) 3번아 찾지 마라 6번은 간다

사회와 문화적인 변화는 50대 이후의 가장들에게 자신들이 성장할 때 보아
온 아버지상과 현재 진행 중인 아버지에 대한 이미지 사이에서 지속적인 방황
을 하게 만들고 있는지도 모른다. 아래 제시된 상황 설정을 통하여 이에 관한
이해를 높여 보자.

> 예 아내의 휴대전화 단축키를 조사해 보니, 1번은 손자, 2번은 며느리, 3번
> 은 아들, 4번은 가정부, 5번은 애완견, 6번이 나였다.

4) 이모만 있고 고모는 없다

맞벌이 세대가 등장하면서 자연스레 본가 중심의 생활보다는 처가 중심의 생
활로 많은 이동을 하고 있는 것이 현실이다. 따라서 자라나는 어린 자녀들은
자연스레 과거에 성장해온 우리들의 시대와 달리, 삼촌과 고모보다는 외삼촌과
이모에 대한 만남이 잦아지고 있는 실정이다.

> 예 나원활 씨는 원활한 의사소통으로 일상적인 대화를 통하여 본가, 처가의
> 균형문제에서 발생할 수 있는 갈등을 미리 막을 수 있었다.

5) 소외로부터 벗어나기

신체적인 변화뿐만 아니라, 사회적인 변화까지 수용해야 하는 중년의 남편들
이 소외로부터 탈출하는 방법으로 몇 가지를 제시해 보고자 한다. 과거의 권위
적인 사고에서 벗어나서 자신이 힘들면 힘들다고 말을 하고 대화를 많이 함으
로써 어려움으로부터 자유로워질 수 있도록 노력해야 한다. 좀 더 자유로운 사
고로 변화하는 사회상을 받아들이면서 함께 호흡할 수 있게 다음과 같이 네
가지를 제시해 본다.

- '남자란…' 에 얽매이지 마라.
- 힘들면 힘들다고 말하라.
- '아줌마식 수다' 를 배워라.
- 사색할 시간을 확보하라.

 심화학습

명절증후군 탈출법 알려주마!

'명절증후군'이란 명절 때 받는 각종 스트레스로 정신적 또는 신체적 증상을 겪는 것을 말한다. 장시간의 귀향길, 가사노동 등의 육체적 피로와 성에 따른 차별, 시댁과 친정의 차별, 형제자매 또는 자녀 간의 비교, 대화 중 의견 불일치나 다툼 등이 주된 스트레스 요인이다. 증상이 매우 다양해 두통, 어지럼, 소화불량, 위장장애 등의 신체적 증상뿐 아니라 우울, 무기력감, 분노, 질투, 적개심, 불안 등 정신적 증상이 나타날 수 있다. 10여 년 전만 해도 명절증후군을 경험하는 사람은 대부분 주부였으나 최근에는 남편, 시어머니, 형제자매, 미취업자, 미혼자 등으로 범위가 확대되고 있다.

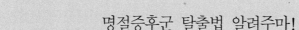 오랜만에 만난 친척 반가운 사람들

그렇다면 명절증후군을 예방하고 치료할 방법은 없을까. 먼저 예방을 위해 다음 몇 가지를 기억할 필요가 있다.

첫째, 명절 때 만날 사람들에 대해 긍정적인 감정을 가지도록 노력한다. 그러기 위해 그 사람의 긍정적인 측면이나 그와의 즐거웠던 기억을 떠올려 보자. 부정적인 면을 다소 중화시키는 효과가 있다.

둘째, 대면할 때 불편이 예상되는 사람에 대해서는 미리 '어떻게' 말하고 행동할지 연습해 본다. 되도록 안 마주치는 전략을 사용할지, 또는 상대방의 말에 무슨 대답을 할지 생각해 두면 도움이 된다. 갑자기 곤란한 상황에 부딪힐 때 당황하지 않고 행동하기 위해서다.

셋째, 주부의 경우 명절 기간에 해야 할 일을 대비해 체력을 비축한다. 절대 피곤하지 않도록 몸을 관리하고, 명절이 끝난 다음 달콤한 휴식이 있음을 상기한다.

넷째, 남편은 명절 기간에 과식과 과음, 운동 부족을 피한다는 각오를 한다.

다섯째, 친척끼리 민감한 사안(예 : 재산 상태, 직업, 취업, 자녀들의 공부 문제 등)에 대해서는 말을 아껴 다른 사람에게 상처를 주지 않아야 한다. 또한 다른 사람의 말도 예민하게 듣지 말고 덤덤하게 받아들인다.

이런 예방법을 활용했음에도 마음에 큰 상처를 받거나 스트레스가 쌓였다면 더 적극적인 해결 방안을 찾아야 한다. 가장 중요한 점은 대화로 '환기(ventilation)' 효과를 갖는 것이다.

창을 열어 오래된 공기를 내몰고 신선한 공기를 맞아들이는 것처럼, 마음속 묵은 감정을 새로운 이야기를 통해 배출해야 한다. 이를 위해 부부간의 대화가 필수다. 또한 잠깐의 스트레칭, 체조, 명상 등으로 긴장된 몸을 이완하고, 마음의 여유를 갖는다.

배려와 존중이 있는 수다

만일 누구 때문에 스트레스를 받는다고 느낀다면, 혼잣말로 불만을 털어놓아 부정적인 감정을 발산해 보자. 자기 직전 종이와 펜을 이용해 일기를 쓰듯 오늘의 스트레스 상황을 점검해 보는 것도 좋다. 어느 정도 마음이 정리될 것이다. 명절이 끝나 일상으로 되돌아가는 긍정적인 미래를 상상하는 것도 효과적이다. 만일 특정한 사람의 말과 행동으로 마음이 상했다면, 과거에 그 사람과 좋았던 상황을 떠올리면서 마음을 중화시킨다.

한편 여자들은 음식 장만하느라 바쁜데, 남자들끼리 텔레비전을 보거나 장기를 두는 등 노는 것만 같아서 괜히 남편에게 짜증을 내기 일쑤다. 이때 짜증이 나지 않도록 마인드 컨트롤을 하는 방법은 이 문제를 '나'만의 문제가 아니라 대한민국 '사회'의 문제라고 생각하는 것이다. '남편이 나를 무시하는 것이 아니라 대한민국 남자들의 사회적 분위기 탓이다'라는 데 생각이 미치면 기분이 한결 나아진다.

도저히 짜증을 참기 어렵다면, 남편과 둘이 있을 때 불만 사항을 말로 표현한다. 이때는 절대 남편을 비난하는 말투가 아니어야 하고, 대신 '내'가 '여자'여서 힘들다는 식으로 말해야 한다. 여자들끼리 수다 떨면서 공동체 의식을 느끼는 것도 도움이 된다. 일하는 틈틈이 번갈아 휴식을 취하면 스트레스가 쌓이지 않는다.

명절의 후유증으로 출근 후 무기력감과 피곤함을 호소하는 사람이 많다. 이를 극복하기 위해선 명절 끝 무렵, 출근하기 전날에는 미리 무슨 일부터 할 것인지 생각하거나 회사 분위기를 상상하면서 환경의 변화에 스스로 적응시킨다. 출근 첫날 일상생활로 복귀했음을 스스로에게 선언해 마음을 굳게 다진다. 업무도 비교적 가볍고 익숙한 것들로 시작해 이른바 '워밍업' 단계를 거친다. 직장 동료와 명절에 있었던 일을 얘기하는 것도 유용하다.

명절증후군은 과거 농경시대의 대가족 제도가 사라지고 핵가족과 개인주의의 문화로 바뀌는 과정에서 생겨난 부산물이다. 가족이라는 이름으로 연결돼 있지만, 평소 대화와 소통이 부족한 상태에서 명절 때만 만나는 가족 내 역동에는 갈등과 어색함이 숨어 있다.

따라서 명절이 아닐 때도 부모나 형제자매 간에 자주 왕래하고 대화한다면, 명절증후군을 피할 수 있다. 또한 배우자 가족에게도 세심한 배려와 존중을 해주는 것을 잊지 말자. 우리나라에서 '명절'이 없어지지 않는 한 '명절증후군'은 계속될 것으로 보이므로 피하거나 부인하지 말고 현명하게 대처하는 것이 현실적이다.

자료 : 주간동아, 2010년 2월 17일

용어정리

외딴섬

외로운 섬의 개념으로 홀로 떠 있는 소통이 안 되는 개념을 의미한다. 소위 일컬어지는 '왕 따'의 개념 또는 남과 동떨어진 개념으로 사용되는 용어이다.

참 고 문 헌

한국경제. 2006년 3월 13일. http://www.hankyung.com.

동아일보. 2005년 8월, 9월 12일, 9월15일, 9월 16일. http://www.donga.com.

주간동아. 2010년 2월 17일. http://www.donga.com/docs/magazine/weekly.

노년경영 : 은퇴 준비

학 습 목 표

1. 사회적인 이슈로 대두되고 있는 고령화 사회와 관련된 노년경영에 대해 살펴본다.

2. 은퇴 후 30년을 살기 위한 준비에 대해 논의해 본다.

3. 즐거운 노년지침을 포함하는 품위 있는 노년을 위한 노년경영에 대해 살펴본다.

1 30세부터 준비하는 은퇴

생각해 보기

• 고령화 사회

고령화 사회에 대한 이슈가 대두되고 있습니다. 고령화 문제는 결국 노년에 해당하는 세대는 물론이고, 이에 해당하지 않는 다른 세대에게도 서로 영향이 미칠 수밖에 없는 우리 모두의 문제로 다가 오고 있습니다. 고령화 사회, 고령 사회, 초고령 사회[1]와 관련된 노년경영에 대해 함께 생각해 볼 시간을 가져 봅니다.

• 노후 준비

노후 준비? 아직은 남의 일이라고요? 노후 준비에 대해서 어떤 계획을 가지고 계신가요? 아니 구체적인 계획과 실천까진 못하고 있더라도 마음의 준비 혹은, 자신의 노후에 관해 나름대로 생각을 발전시켜 보신 적이 있으신지요? 미래는 막연히 다가 오는 것이 아니고 내가 준비함에 따라 선택되는 것입니다.

---

1) 65세 이상의 인구가 총인구에서 차지하는 비율이 7% 이상이면 고령화 사회, 14% 이상이면 고령 사회, 그리고 20% 이상을 초고령 사회라고 말한다. 우리나라는 2020년을 고령 사회, 2026년을 최고령 사회로 진입시기로 예측하고 있다.

1) 은퇴 전 10년

과거와 달리 이제는 은퇴에 대한 인식의 변화가 많이 생겼다고 본다. 우리는 IMF라고 하는 혹독한 시련과 2008년의 글로벌 금융위기를 경험하면서, 이제는 우리 귀에 익숙한 '구조 조정'이란 단어로 인하여 정년을 보장받는 것이 어려운 세상이 되면서 많은 이들이 퇴직과 은퇴 후에 대한 준비를 하고 있다.

하지만 아직까지도 일부에서는 '나는 아직 젊은데'라는 생각으로 은퇴는 아직 나와는 먼 이야기라고 생각하는 사람들이 있다. 은퇴는 은퇴가 가까이 왔을 때 준비하는 것이 아니고 미리 준비하면 준비하는 만큼 도움이 될 것이다. 이런 맥락에서 은퇴 준비를 한 사례를 살펴보고 나의 은퇴 준비를 점검해 보자 (Note 6-1).

Note 6-1

10가지 은퇴 준비(예 : 시중 은행 홍보팀장(50)의 은퇴 준비 계획)

- 매년 10만 원짜리 통장 만들기
- 자격증 10개 따기
- 박사학위 도전하기
- 평생친구 10명 만들기
- 살림과 가전제품 조작 익히기(예 : 설거지, 빨래, 음식 장만, 가전제품 사용법)
- 못했던 일 10가지 하기(예 : 색소폰, 서예 등)
- 국내 산 100곳 오르기
- 못 읽던 책 100권 보기
- 건강 챙기기(예 : 국선도, 등산 등)

자료 : 조선일보, 2005년 9월 12일

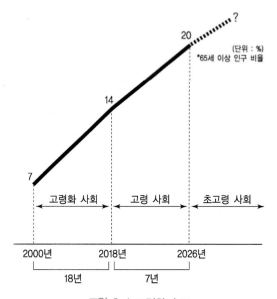

그림 6-1 고령화 속도

자료 : 한국경제, 2006년 3월 28일

2) 30세부터 준비하는 '품위 있는 노년'

은퇴가 아닌 품위가 있는 노년을 준비하기 위해선 장기적인 계획과 준비가 필요하다. 앞에서 언급된 바와 같이 빨리 준비하면 할수록 탄탄하게 자신의 노년을 준비할 수 있을 것이다. 이런 준비를 위한 몇 가지 팁을 제시해 보고자 한다.

- 자식에게 기대지 말기
- 나의 노후, 나만이 책임질 수 있다고 생각하기
- 경제활동 시기 최대한 연장하기
- 합리적으로 교육비 지출하기
- 집 한 채는 임종까지 지키기

2 은퇴 후 30년 준비

> **생각해 보기**
>
> 현재의 소비지출 수준을 기초로, 물가상승률, 금리 등이 현 수준이라고 가정할 때 은퇴 후 20~30년의 여생을 보내는 데 필요한 자금규모를 얼마라고 생각하시나요? 이에 대하여 막연하게 접근하는 자세보다는 한번 깊이 생각해 봄으로써 은퇴 준비를 어떻게 할 것인가?에 대해 다시 한 번 느낄 수 있는 시간이 되었으면 합니다.

은퇴문제와 관련하여 제일 먼저 떠오르는 문제가 바로 노후자금이다. 수입이 줄어들거나 없는 은퇴 후의 삶에서 노후자금이 준비되어 있지 못하다면 행복한 은퇴 후의 삶을 설계하는 것은 쉽지 않기 때문이다. 그렇다면 은퇴 후 30년간 사는 데 필요한 노후자금은 얼마나 될까? 살펴본 바에 따르면 중류층의 생활을 기준으로 했을 때 필요로 하는 노후자금은 3억~4억 원 정도인 것으로 나타났다. 이들의 추론근거를 살펴보고 나의 실정에 맞는 노후자금을 계획해 보자.

1) 기초 생활비만 1억~2억 원

60세 은퇴 후 부부가 80세까지 사는 데 필요한 최소한의 생활비는 1억 4,600만 원(현재가치)이다. 이는 2인 가족 최저생계비(월 60만 원)를 기준으로 한 최소한의 '생존비용'이다.[1]

2) 중류층 기준 생활비는 3억~4억 원

55세 은퇴 후 85세까지 살아가는 데 필요한 기본생활비용은 4억 8,000만 원 수준이다. 이는 55세 이상 도시 근로자 가구의 기본생활비용(월 177만 원) 중에서 교통비(월 27만 원), 교육비(10만 원), 오락비(7만 원)를 제외한 비용이다.[2]

---

1) 국민연금관리공단 기준
2) 삼성생명 기준

표 6-1 노후자금 계산 : 은퇴 후 부부가 사는 데 필요한 노후자금

(단위 : 만 원, 연 기준금액)

구 분	저소득층 수준으로	중산층 수준으로
기초생활비	1,596만 원 (월 133만 원×12개월)	1,596만 원 (산정방식은 좌와 동)
여 행	–	74만 원 (국내여행 부부 1회 기준)
건강검진	–	60만 원 (1인 30만 원씩 부부)
경조사	–	240만 원
차량유지비	–	408만 원 (월 34만 원×12개월)
파출부	–	–
골 프	–	–
합 계	1,596만 원	2,378만 원

3) 상류층 기준 생활비는 7억~13억 원

55세 은퇴 후 85세까지 살면서, 일주일에 두 번 파출부를 부르고, 월 2회씩 부부동반 골프를 치고, 1년에 한 번씩 해외여행도 다니는 등의 상류층 생활수준을 유지하려면 13억 4,040만 원, 골프와 파출부를 포기하고 해외여행 대신 국내여행을 다니려 하면 7억 440만 원이 필요하다는 계산이다.[3]

4) 충당 가능한 국민연금

필요한 노후자금 중에서 위에서 거론된 부부의 경우 월 생활비로 100만 원씩 쓴다면, 필요한 노후자금은 6억 5,000만 원인데, 이들 부부의 국민연금 수령액은 2억 3,000만 원 정도이기에 4억 2,000만 원이 부족하다.

---

3) 삼성생명 기준

5) 매달 요구되는 저축액

■ 현재 30세인 직장인

60세에 은퇴해 80세에 사망한다고 가정할 때, 은퇴시점에 4억(현재가치)의 노후자금을 쥐려면 30세부터 50세까지 매달 200만 원씩 저축해야 한다는 계산이 나온다.

■ 현재 40세인 직장인

만약 40세라면 월 240만 원으로 저축액이 올라간다. 따라서, 노후 준비는 가능한 한 빨리 시작해 최대한 저축하는 것밖에는 대안이 없다. 소득 없이 살아야 하는 노후기간이 길어질 가능성이 크기 때문에 자식에게 '올인' 하는 자세는 위험하다. 때문에 젊었을 때부터 노후대책을 세우고 차근차근 준비해야 한다.

3 품위 있는 노년

> **생각해 보기**
>
> 다음은 일본의 NHK 방송사 아나운서 출신의 70세 할머니가 그녀의 저서, 《즐거운 노년, 인생을 자유롭게 즐기자》에서 주는 열 가지 지침이다.
>
> **"젊어지려면 불량 노인이 되라."**
> - 사랑을 하자 : 이성에 대한 흥미를 놓아서는 안 된다. '오빠부대'가 되는 것도 좋은 생각이다.
> - 꽃무늬 옷은 금물 : 활력을 더 떨어뜨려 게을러 보인다. 단색으로 생동감 주는 의상을 입는다.
> - 방의 사면에 거울을 붙여라 : 옷장 앞에는 전신거울을, 세면대에는 확대경을 두자.
> - 피부관리 : 젊었을 때보다 세 배는 신경을 써라.
> - 일찍 자고 일찍 일어나려고 애쓰지 마라 : 건강에 지나치게 예민해서 노인이란 소릴 듣는다.

- 매일 신문을 읽자 : 노후의 두뇌체조!
- 젊은 사람과 놀자 : 나이 먹는 것을 자랑스럽게 생각하고 자신의 생각을 열어 보이자.
- 거리로 나가 쇼핑을 하자 : 갖고 싶은 것이 없어지면 늙었다는 증거이다.
- 전철 안에서 언제나 자리를 양보 받으려고 기대하지 마라 : 가끔은 자리를 양보 하는 센스도 필요하다.
- 돈 쓰는 데 인색해지지 말자. 특히, 여행에는 과감하게 돈을 쓴다.

자료 : 시모쥬 아키코 지음, 오희옥 옮김(2006), 지혜의 나무

아름다운 삶을 영위할 수 있는 것은 결국은 자신의 선택과 생각에 따라 결정된다고 생각이 든다. 어떤 면에서는 은퇴 후의 삶인 인생 2막[4]이 즐겁지 못한 삶이라고 생각할 수도 있을 것이다. 하지만 인생 2막이야말로 진정으로 살아온 삶을 돌아보면서 여유롭게 삶을 즐길 수 있는 시간이라고 여겨진다.

아름다운 인생 2막을 위한 삶의 자세를 몇 가지 소개하고자 한다. 앞에서 이미 지적한 바와 같이 자신의 선택과 생각에 따라 아름다운 인생 2막을 계획할 수 있기에 어떠한 자세로 삶을 임하는가? 하는 문제는 매우 중요한 일이라고 생각된다.

1) 인생이나 사물을 즐거운 눈으로 보는 삶의 여유와 관조

- '육군 병장 말년' 처럼 행복한 말년
- 부동산, 펀드 따위에 투자하기 전에 최후의 동반자인 배우자에게 적극 투자

2) 남 위해 사는 '배려' 하는 삶

- 봉사를 통한 '만족' 발견
- 존재에 대한 '감사' 발견

---

4) 은퇴 후의 삶을 인생 2막으로 보는 경우도 있고 인생 3막으로 비유하는 경우도 있다. 인생 2막으로 구분하는 경우는 은퇴 전의 삶과 은퇴 후의 삶으로 나누어 구분한 경우이다. 이와는 다르게 인생 3막으로 구분하는 경우도 있는데, 인생 3막은 40대 이후 삶의 의미를 찾아가는 시기로 보아 인생 3막에 비유하기도 한다.

3) 욕심 줄이기

젊은 시절에 경쟁을 통한 승리를 추구하는 삶을 살았다면, 노년은 여유롭게 '져주는 삶'을 추구한다.

 심화학습

65세에 9억 원 있어야… 연금 펀드로 '거북이 마라톤'을

■ 노후 준비 빵점 40세 김 차장, 어떻게 하나

빡빡한 살림에 노후 준비는 엄두도 못 낸다는 사람이 많다. 위안삼아 한두 개 들어둔 펀드는 추락하는 수익률로 염장을 지른다. 은퇴설계에선 '30-30 법칙'이란 게 있다. 30세부터 30년간 준비해야 늘그막이 편하다는 소리다. 중앙선데이가 따져봤더니 기본생활비만 해결하려 해도 은퇴할 때 9억 원가량을 만들어 놓아야 한다. 투자자 성향에 따라 은행·보험사·증권사 별로 고수들이 제시한 서로 다른 해법을 들여다 봤다. 넉넉한 한가위지만 펀드 생각만 하면 왠지 마음이 답답하다. 풍성한 알곡은커녕 쭉정이 수익률로 주머니가 쪼그라들었기 때문이다. 글로벌 증시가 내리막길을 걸은 지 벌써 1년이 다 되어간다. 과연 내 노후를 제대로 준비할 수 있을까. 투자 보따리는 괜찮게 짠 걸까. 예금·펀드·보험의 균형 잡힌 3각 노후 씨앗을 위해 고수 3인방에게서 '노후설계 ABC'를 다시 짚어 봤다.

■ 그믐달 신세

'월급 364만 원-지출 310만 원=저축 여력 54만 원'. 대한민국 40대 가장의 주머니 명세서다. 통계청 가계수지로 본 평균적 자화상이 그렇다. 저축액은 6,700만 원에 빚은 5,200만 원, 아파트 값은 2억 1,000만 원. 적자 인생은 면했지만 맘 놓을 처지도 못 된다. 중소기업에 다니는 박 차장(40)은 "두 아이 학원비며 주택 대출금, 기본 의식주에 매달리다 보면 변변한 노후 종자돈 마련이 쉽지 않다."고 털어 놨다. 실제로 그의 노후 준비는 매달 20만 원씩 붓는 적립식 펀드가 전부다. 그러나 25년 뒤인 65세에 은퇴한다고 가정할 때 박 차장의 노후는 만만치 않다. 궁색하지 않게 사는 데 월 227만 원이 필요하다(기본형 노후). 역시 통계청의 40대 가계수지로 뽑아낸 숫자다. 하나은행 김창수 재테크 팀장은 "물가가 해마다 3%씩 오른다면 65세 때의 미래가치로는 월 475만 원에 이른다."고 말했다.

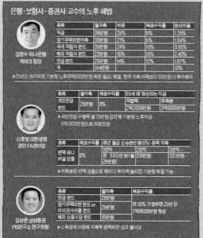

만약 그가 85세까지 살면 20년치 생활비를 마련해 놓아야 하고, 목돈으로 8억 8,000만 원을 들고 있어야 한다.

해외여행도 한 번씩 가고, 아내와 골프도 가끔 치고, 뮤지컬 감상도 하는 느긋한 노후를 위해선 월 831만 원이 필요하다(품위형 노후). 이를 위해 65세 때 쥐고 있어야 할 목돈은 15억 4,000만 원이다. 이 같은 금액은 지난해 여름 중앙선데이가 노후연금 특집기사(7월 15일자)에서 제시한 돈과는 조금 차이 나는데 대상을 40대로 좁히고, 소득·지출액도 달라졌기 때문이다. 요즘 금융사의 재무전문가를 찾아가 노후 청사진을 그려 달라고 해도 '월 200만·300만·500만 원'식으로 밑그림을 그린다(그림 자료 참조).

아무튼 박 차장에게 쥐어진 실탄은 월 54만 원이다. 이걸로 과연 노후를 준비할 수 있을까. 물론 월급은 매년 오른다. 그러나 최근 5년간 노동부 통계를 보면 연 6% 수준이고, 아이들이 클수록 지출도 늘어난다. 김창수 팀장은 "박 차장이 기본형 노후로 만족한다고 해도 90만 원을 더 저축해야 간신히 필요자금을 만들 수 있다."고 했다.

실제로 피델리티자산운용과 서울대 은퇴설계지원센터가 최근 조사했더니 한국인들은 노후에 월 210만 원 정도가 필요하다고 생각하지만, 실제 준비된 돈은 월 138만 원인 것으로 나타났다. 늘그막에 쪼들리며 살 수밖에 없다는 얘기다. 사실 재무설계사들을 만나면 제일 먼저 강조하는 게 자녀 사교육비 문제. 교육도 소홀히 할 수 없지만 노후를 저당 잡혀선 곤란하다는 지적이다.

펀드 하나 들었다고 '노후 준비 OK'를 외치는 것은 자가당착이다. 일단 김 팀장이 제시한 투자 보따리는 목표수익률을 연평균 10%로 잡았다. 턱없는 과욕 대신 '금리+α' 정도로 눈높이를 낮췄다. 은행권의 특성상 안정성을 중시해 <u>적금·장기주택마련저축의 비중을 46%로 잡았다</u>. 그는 "지난해 갑자기 솟구친 주가 때문에 적금을 우습게 보기도 하지만 요즘 시장을 봐라. 적금이 항상 나쁜 건 아니다."고 말했다. 장마저축은 펀드로도 가입할 수 있고, <u>연 300만 원 한도로 불입액의 40%를 소득공제 받을 수 있다</u>.

단, 무주택자거나 3억 원 아래(기준시가)의 집을 가져야 한다. 또 가입 5년 안에 해지하면 절세(節稅) 혜택을 모두 반납해야 한다. 김 팀장은 "박 차장이 지출을 줄이지 않고 54만 원 수준으로 목표를 이루려면 국내외 주식형 펀드에 60% 이상을 넣어야 하고 수익률도 15% 이상으로 높여야 한다. 재테크 고수들도 쉽지 않은 일"이라고 했다.

■ 거북이 연금작전

그렇다고 낙심할 일은 아니다. 연금도 있기 때문이다. 고갈 위기감이 크다고 하지만 박 차장 세대에서 국민연금을 받지 못하는 일은 없을 것이다.

대한생명의 신호영 경인 FA(Financial Advisor·재무전문가) 센터장은 "기본 생활비를 감안하면 가급적 연금 위주로 노후 준비를 하는 게 좋다."고 권했다. 사례의 박 차장이 30년간 국민연금을 부으면 월 70만 원을 받을 수 있다(45등급). 이 돈을 감안하면 품위형 노후자금은 월 327만 원, 기본형은 157만 원으로 줄어든다. 65세에 만들어야 할 목돈도 각각 12억 원과 6억 원으로 작아졌다. 하지만 신 센터장은 "10% 수익률을 잡아도 12억 원을 만들려면 월 107만 원을 투자해야 한다."고 말했다. 먼저 기본형에 초점을 맞추라는 소리다. 신 센터장이 계산하니 해마다 10%씩 복리로 저축액을 불리면 월 52만 원으로도 25년 뒤 6억 원을 만질 수 있다. 기본 노후는 해결된다. 그러나 역시 "10%는 쉽지 않다."고 강조했다. 신 센터장은 일단 개인연금 펀드를 추천했다. 매달 25만 원씩 넣으면 65세에 2억 2,000만 원(연 8% 수익)이 생긴다. 부족한 3억 9,000만 원은 어떻게 메울까. 매년 월급이 늘어나는 만큼(6%) 야금야금 변액 유니버설 상품에 넣는다. 노후 준비 첫해엔 연 300만 원, 다음해엔 318만 원, 3년차엔 337만 원이다. 이렇게 거북이처럼 25년을 굴리면(수익률 연 8%) 부족분을 채운다. 신 센터장은 "변액 유니버설 상품을 선택하면 추가 납부를 활용해 증액이 가능하다."며 "65세까지 목돈을 마련한 뒤 연금으로 전환해 종신까지 수령하면 된다."고 말했다. 10년 이상을 유지하면 차익은 모두 비과세된다. 신 센터장도 "저축 여력이 모자란다면 철저한 '소비통제'로 종자돈을 늘려야 한다."고 조언했다.

■ 장생 리스크를 축복으로

'10% 수익쯤은 자신 있다'는 투자자도 있다. 좀 더 공격적인 은퇴설계를 위해 삼성증권 PB연구소에 포트폴리오를 의뢰했다. 연구소 김상문 연구위원은 "복리의 마술을 기대하고 은행 예·적금에 넣어도 물가를 감안하면 기본 노후자금 만들기가 쉽지 않다."며 "투자 종자돈을 크게 늘릴 수 없다면 투자형 상품을 적극 써먹는 수밖에 없다."고 말했다. 이런 기본 원칙을 깔고 두 가지 팁을 얹으면 해답이 보인다는 것이다. 먼저 그는 "길게 투자할수록 혜택이 많은 상품, 중간에 환매의 유혹을 이길 수 있는 상품을 고르라."고 조언했다. 김 위원은 "연금 펀드와 장기주택마련 펀드가 이런 조건을 고루 충족한다."고 했다. 그는 구체적으로 월 60만 원을 투자하되 '연금 펀드(25만 원) : 장마 펀드 혹은 라이프사이클 펀드(25만 원) : 해외 신흥국 펀드(10만 원)'에 분산하는 해법을 내놓았다. "장마 펀드의 가입 대상이 안 되면 라이프사이클 펀드도 대안"이라고 했다. 달마다 일정액을 불입하는데 만기가 가까울수록 주식 비중을 줄여 위험을 낮춘다. 투자자 스스로 비중을 바꿀 수 있어 공격적인 성향에 제격이다. 그가 풀어놓은 투자 보따리는 보험사의 것과 크게 다르지 않다.

결국 코뿔소처럼 저돌적으로 밀어붙이는 대신 적절한 수익률로 착실하게 펼치는 마라톤 레이스가 노후 준비의 왕도라는 얘기다. 특히, 김 위원은 "소득공제 혜택으로 환급받는 돈을 25년간 재투자하면 적지 않은 돈이 보태진다."고 했다. 그는 "연금 펀드는 주식형·채권형·혼합형이 있다. 연 1~2회 정도 종류를 바꿀 수 있으니, 시황에 따라 유연하게 갈아타면 된다. 연령에 맞게 주식 편입 비율을 조절하는 펀드도 있다."고 설명했다. 김 위원은 "10년 넘는 장기로 봤을 때 성장 가능성이 큰 신흥국 증시에 발을 담그는 것도 괜찮은 전략이다. 25년을 준비하면 자금의 절반 정도는 공격적인 상품에 넣어도 좋겠다."고 했다. 사실 자녀 학자금이며 결혼자금, 예기치 못한 지출까지 생각하면 위의 사례처럼 원활하게 노후 준비가 안 될 수도 있다. 김 위원은 은퇴설계를 '장(長)'자로 요약했다. "하루라도 일찍, 길게 준비해야 부담이 줄고 장생의 리스크를 축복으로 바꿀 수 있다."고 했다.

자료 : 중앙선데이, 2008년 9월 14일

용어정리

고령 사회, 고령화 사회, 초고령화 사회

65세 이상의 인구가 총인구에서 차지하는 비율이 7% 이상이면 고령화 사회, 14% 이상이면 고령 사회, 그리고 20% 이상을 초고령 사회라고 말한다. 우리나라는 2020년을 고령 사회, 2026년을 최고령 사회로 진입시기로 예측하고 있다.

참 고 문 헌

시모쥬 아키코 지음, 오희옥 옮김(2006). 즐거운 노년, 인생을 자유롭게 즐기자. 지혜의 나무.

동아일보. 2006년 11월 16일. http://www.munhwa.com.

월간중앙. 2005년 12월 26일. http://magazine.joins.com/monthly.

조선일보. 2005년 9월 12일. http://www.chosun.com.

조선일보. 2006년 3월 29일. http://www.chosun.com.

중앙선데이. 2008년 9월 14일. http://sunday.joins.com.

한국경제. 2006년 3월 28일. http://www.hankyung.com.

노년경영 : 행복한 후반전

Chapter 7 | 노년경영 : 행복한 후반전

학 습 목 표

1. 실버파워의 현실과 연관 산업의 변화 그리고 소비에 있어서의 변화에 대해 살펴본다.

2. 인생의 하프타임! 행복한 후반전에 대해 살펴본다.

3. 행복한 후반전의 준비와 전략에 대해 함께 생각해 본다.

1 실버파워

생각해 보기

- 소비의 주도세력에 대해 생각해 보신 적이 있나요?
- 우리나라 소비의 주도세력은 어느 세대라고 생각하세요?
- 앞으론 예상되는 소비의 주도세력은 어느 세대라고 생각하세요?
- 미국의 경우는 어떨까요?

1) 고령화 속도

이미 매스컴을 통하여 알고 있는 것처럼 우리나라의 고령화 속도는 상당히 빠르게 진행되는 것으로 조사되었다. 의학기술의 발달로 인한 수명연장으로 고령화의 속도는 사회전반에 영향을 미치는 요소로 나타나고 있다. 그래프를 통하여 이미 6장에서 살펴본 우리나라의 예상되는 고령화에 대해 다시 살펴보고자 한다.

6장의 그림 6-1에서 살펴본 바와 같이 고령화의 속도는 매우 급속하게 진전되고 있다. 이러한 실버파워의 파워의 내용을 현실적으로 살펴보기 위하여 선거에서 투표자를 분석한 자료를 활용하여 심각성을 다시 살펴보고자 한다. 그림 7-1은 우리나라 총선에서 60세 이상이 투표자 중에서 40% 이상을 차지하는 지역과 비율을 살펴본 자료이다.

 젊은 층이 농촌을 등지고 도시에 거주하는 현상이 반영된 자료이기도 하지만 60세 이상이 50% 이상인 지역(합천, 장수, 남해, 의령 등)뿐만 아니라 40% 이상인 지역은 경상도와 전라도 지역뿐만 아니라 충청도(청양, 옥천)까지 넓게 퍼져 있으며, 이러한 지역은 앞으로도 점차 더 늘어날 것으로 예상된다.

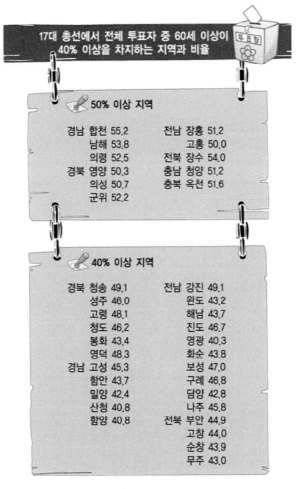

17대 총선에서 전체 투표자 중 60세 이상이 40% 이상을 차지하는 지역과 비율

50% 이상 지역

경남 합천	55.2	전남 장흥	51.2
남해	53.8	고흥	50.0
의령	52.5	전북 장수	54.0
경북 영양	50.3	충남 청양	51.2
의성	50.7	충북 옥천	51.6
군위	52.2		

40% 이상 지역

경북 청송	49.1	전남 강진	49.1
성주	46.0	완도	43.2
고령	48.1	해남	43.7
청도	46.2	진도	46.7
봉화	43.4	영광	40.3
영덕	48.3	화순	43.8
경남 고성	45.3	보성	47.0
함안	43.7	구례	46.8
밀양	42.4	담양	42.8
산청	40.8	나주	45.8
함양	40.8	전북 부안	44.9
		고창	44.0
		순창	43.9
		무주	43.0

그림 7-1 실버파워

2) 실버산업의 성장

우리나라 실버산업의 규모는 과거 10년 동안 무려 2배가 넘는 급속한 성장을 해왔다. 특히, 그중에서도 여가활동과 생활부문의 증가세는 성장속도가 더욱 빠르게 나타났다. 부문별로 실버산업의 규모변화를 살펴보면 표 7-1과 같다.

(1) 주거 관련

2000년 4조 원에서 2010년 이후에는 10조 원을 훨씬 뛰어 넘어 앞으로도 가파른 상승이 예상된다(예 : 다수의 건설회사가 실버주택 산업분야에 적극적으로 진출 중이며 앞으로 진출예정인 건설회사는 더욱 많다).

(2) 보험의료

2000년 3조 원에서 2010년 이후에는 8조 원을 넘어 앞으로도 가파른 상승이 예상된다(예 : 유료양로시설이 2005년도 전년대비 65%, 유료노인요양시설이 2005년도 전년대비 67% 증가 추세를 보였다).

(3) 여가활동

2000년 4조 원에서 2010년 이후에는 11조 원을 넘어 앞으로도 가파른 상승이 예상된다(예 : 시니어 전문 월간지 '아름다운 실버', '한국실버산업신문' 부수가 증가 추세에 있고 앞으로도 계속 증가할 것으로 예상된다).

(4) 생활관련

2000년 4조 원에서 2010년 이후에는 10조 원을 넘어 앞으로도 가파른 상승이 예상된다(예 : 문화계 타깃계층이 20~40대에서 50대 이상의 시니어 계층으로 부상하고 있으며, 입장료 10만 원 이상의 대형 뮤지컬의 성공 여부는 시니어 계층 장악 여부에 달려 있다-50대 이상이 40% 이상을 차지).

표 7-1 실버산업 규모의 변화

(단위 : 원)

구 분	2000년	2005년	2010년
주거관련	4조 4,500억	7조 700억	10조 5,000억
보험의료	3조 7,000억	5조 9,600억	8조 3,000억
여가활동	4조 6,000억	7조 4,000억	11조 1,100억
생활관련	4조 1,000억	6조 5,300억	10조 4,100억
합 계	17조 규모	27조 규모	41조 규모

자료 : 한국보건사회연구원

2 행복한 후반전

생각해 보기

인생의 후반전에 해당되는 시기인 서드 에이지(the third age)를 구분하여 우리가 준비해야 하는 노년기의 문제점에 대해 생각할 시간을 갖고자 합니다. 노년기에 마주하게 되는 문제점으로 어떤 것들이 생각되십니까?

1) 노후설계 디자인

청년기까지의 삶이 장년기나 노년기를 위한 준비과정의 삶이었다면, 후반전에 해당하는 서드 에이지는 인생의 참 의미를 찾아가는 삶이라고 여겨진다. 그렇다면 행복한 후반전을 위하여 우리는 서드 에이지에 대한 이해의 폭을 넓히고 아름답게 디자인할 것인가에 대해 깊이 고민할 필요가 있다.

(1) 인생의 전반전, 후반전

축구경기의 하프타임(작전타임)에 해당하는 인생의 하프타임은 인간의 평균수명을 80으로 보았을 때, 40대 후반기가 인생의 하프타임에 해당된다.

(2) 인생의 서드 에이지(third age)

위에서 우리가 살펴본 바와 같이 우리의 삶을 전반전과 후반전과 같이 두 부분으로 구분할 수도 있지만, 때에 따라서는 우리의 인생을 네 가지 시기로 구분할 수도 있다.

다음과 같이 네 가지 시기로 구분했을 경우, 세 번째 해당되는 것이 40대 이후 삶의 의미를 찾아가는 인생의 서드 에이지가 된다. 서드 에이지는 표 7-2에서 살펴본 인생의 하프타임에 해당하는 후반기와 겹치게 된다.

- **인생의 첫 번째 시기(first age)**
  태어나서 학습하는 시기

- **인생의 두 번째 시기(second age)**
  직장을 가지고 가정을 이루는 시기

- **인생의 세 번째 시기(third age)**
  40대 이후 삶의 의미를 찾아가는 시기

- **인생의 네 번째 시기(fourth age)**
  노화의 시기

표 7-2 행복지수

(단위 : %, 총 100% 기준)

구 분	30대	40대	50대	30~50대 평균
건 강	70.7	74.7	74.1	73.8
경 제	67.5	69.7	70.0	69.1
가족 및 사회관계	72.6	53.7	48.4	57.6
3개 요소 통합	70.5	59.8	56.3	62.2

자료 : 한국보건사회연구원

2) 노후 행복지수

각 연령대별로 느끼는 세 가지 부문(건강, 경제, 가족관계)에 대한 행복지수를 조사한 자료의 결과에 의하면 우리나라 30대에서 50대의 행복지수는 그리 나쁘지 않은 것으로 나타났다. 건강부문에 대해 만족감을 표시한 결과가 높이 나왔고 상대적으로 가족 및 사회관계에 대한 행복지수 부문에서 부족한 면을 보였다. 특히, 50대에서는 가족 및 사회관계에 대한 행복지수가 50% 미만을 나타내어 가장 취약한 부분으로 조사되었다.

3) 노후생활의 걸림돌

노후생활의 걸림돌이 되는 원인은 무엇일까? 여러 가지 원인이 있겠지만 그 중에서도 자녀의 뒷바라지가 가장 커다란 걸림돌이 되는 것으로 나타났다. 그 다음으로 나타난 요소는 아무래도 건강으로 지적되었다. 그리고 그 뒤를 경제력의 문제와 취미, 배우자의 사별 등이 꼽혔다.

- **1위** : 자녀 뒷바라지
- **2위** : 건강
- **3위** : 경제력
- **기타** : 취미, 일거리, 배우자와의 사별 등

4) 중년층이 생각하는 노후

현재의 30대에서 50대는 자신의 노후에 대해 어떻게 생각하고 있을까? 코리아리서치센터가 조사한 결과에 따르면 현재와 비슷하거나 나아질 것으로 생각한 결과가 76% 정도로 나와 낙관적으로 나타났다. 이에 반하여 지금보다 나빠질 것으로 생각하는 결과는 16% 정도로 낮게 나타났다.

한편, 자녀들에 대한 경제적 지원은 언제까지 할 것인가? 라는 질문에 할 수 있는 데까지 하겠다는 답변이 26%를 넘기는 것으로 나타났다. 또한 대학 졸업

까지라고 답한 답변도 52%를 넘긴 것으로 나타났다.

따라서 이들 세대들은 자신의 노후에 대해 긍정적인 생각을 많이 하고 있는 것으로 나타났고, 자녀들에게도 경제적 지원을 대학까지 하겠다는 답변이 많은 것으로 조사되었다. 이들 결과를 정리해 보면 다음과 같다(Note 7-1).

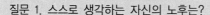

질문 1. 스스로 생각하는 자신의 노후는?

　　① 현재와 비슷하거나 나아질 것이다 : 76%

　　② 지금보다 나빠질 것이다 : 16%

　　③ 생각해 본 적 없다 : 7%

질문 2. 언제까지 자녀에 대한 경제적 지원할까?

　　① 할 수 있는 데까지 : 26.5%

　　② 대학 졸업까지 : 52.2%

　　③ 사교육비 줄일 예정 : 14.7%

　　④ 노후와 별개의 문제 : 6.6%

③ 행복한 후반전의 준비 및 전략

생각해 보기

'행복한 후반전'을 위한 우리나라 보통 사람들의 노후 준비 상태를 살펴보고, 우리들의 노후 준비도 점검해 봅시다.

1) 보통 사람들의 노후 준비

우리나라 보통 사람들의 노후 준비를 살펴보면 전 연령층에서 개인연금이나 적금에 의존하는 비율이 가장 높은(65%) 것으로 조사되었다. 그 외에는 자영업을 준비한다거나 부동산 및 주식투자, 그리고 자격증 취득 등으로 노후 준비를 하고 있는 것으로 나타났다.

표 7-3 보통사람들의 노후 준비

(단위 : %, 총 100% 기준)

구 분	30대	40대	50대	전 체
개인연금이나 적금	66.7	68.0	56.8	65.0
자영업 준비	22.1	15.0	9.7	16.6
부동산, 주식투자	18.2	16.0	8.8	15.3
자격증 취득	14.4	9.8	5.0	10.6
외국생활 준비	3.7	2.4	1.6	2.8
준비 없음	13.2	16.1	29.6	18.0
기 타	1.4	1.3	1.4	1.3

자료 : 코리아리서치센터(30~50대 노후생활에 대한 설문)

연령대별로 비교해 보았을 때는, 30대와 40대에 비하여 50대가 가장 취약한 것으로 나타났다. 특히, 50대에는 약 30%에 가까운 조사대상이 준비가 없음으로 나타나 사회적인 안전망 구축이 시급하게 여겨진다. 그리고 30대와 40대, 50대 중에서 가장 준비가 잘 된 연령층은 40대인 것으로 조사되었다.

노후 준비를 아직까지 하지 않은 이유에 관한 설문에서는 여유가 없음이 전체 70%에 근접하는 결과를 보였다. 특히, 40대와 50대에서는 약 77% 정도가 여유가 없음으로 조사되어 이들의 연령대를 감안할 때 자녀들에 대한 사교육비 지출이 영향을 주었을 수도 있을 것으로 예상되었다.

표 7-4 아직 노후 준비를 하지 않은 이유

(단위 : %, 총 100% 기준)

구 분	30대	40대	50대	전 체
여유 없음	52.6	77.5	76.7	69.8
퇴직금, 국민연금 의존	3.8	8.5	10.2	7.7
아직 젊으니까	39.7	12.3	10.2	18.1
자녀와 함께 살 것	−	−	1.9	0.7
기 타	3.8	1.7	5.2	3.7

자료 : 코리아리서치센터(30~50대 노후생활에 대한 설문)

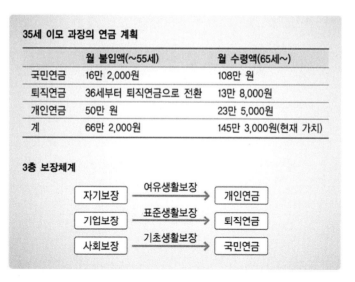

35세 이모 과장의 연금 계획

	월 불입액(~55세)	월 수령액(65세~)
국민연금	16만 2,000원	108만 원
퇴직연금	36세부터 퇴직연금으로 전환	13만 8,000원
개인연금	50만 원	23만 5,000원
계	66만 2,000원	145만 3,000원(현재 가치)

3층 보장체계

자기보장	여유생활보장 →	개인연금
기업보장	표준생활보장 →	퇴직연금
사회보장	기초생활보장 →	국민연금

그림 7-2 연금계획

자료 : 국민연금관리공단, 삼성생명

결론적으로 조사결과는 50대에 대한 노후 준비의 미비에 대한 보완과 사회적인 안정망 구축이 필요한 것으로 조사되었다.

2) 30대부터 준비하는 연금계획

아름다운 후반전을 경제적으로 지탱해 줄 수 있는 계획을 미리 준비할 필요가 있다. 연금으로 노후를 준비하기 위해선 우선 3층 보장체계를 활용할 필요가 있다. 우선은 국민연금을 통하여 기초생활을 보장받도록 설계되어야 한다. 다음으로는 퇴직연금을 통하여 표준생활을 보장받게 설계되어야 하고, 마지막으로 개인연금을 통하여 여유로운 생활을 보장받도록 설계되어야 한다. 이러한 측면에서 연금계획을 준비한 35세의 이모 과장의 계획을 살펴보기로 하자.

3) 핵심전략

행복한 후반전을 위한 전략의 핵심은 마음에 있다고 생각된다.

성공적인 인생의 서드 에이지(third age)

젊은 시절엔 돈과 명예, 지위를 쫓는 삶을 경쟁적으로 살아간다. 따라서 인생의 전반부가 '돈과 성공' 을 추구한다면, 후반부는 '인생의 참다운 의미' 를 찾는 삶이 되어야 한다.

- '일' 과 '여가활동' 의 조화
- '자신에 대한 배려' 와 '타인에 대한 배려' 의 조화
- '현실주의' 와 '낙관주의' 의 조화
- '진지한 성찰' 과 '과감한 실행' 의 조화

직장에만 올인(all in)하기보다는 자원봉사, 집안일, 취미활동, 새로운 공부 등 다양한 여가활동에 눈을 떠야 하고, 가족과 직장에 대한 배려 못지않게 자신의 행복을 위해서도 시간과 돈을 투자하라고 권하고 있다. 결국, 자신, 가족, 직장, 사회공동체를 네 가지 꼭 짓점으로 삼을 때 인생의 후반부를 성공적으로 보낼 수 있다.

자료 : 윌리엄 새들러(2006), 서드 에이지, 마흔 이후 30년, 사이출판사

그동안 살아온 경쟁위주의 삶에서 인생의 참다운 의미를 찾을 수 있는 마음의 준비로 자신과 공동체를 함께 생각하면서 아름다운 후반전의 설계를 할 필요가 있다(Note 7-2).

 심화학습

실버산업 2010년 43조 원 → 2020년 148조 원 급팽창

■ 新 내수시장을 찾아라 / 5대 알짜산업을 선점하라

한국 내수시장은 한계에 도달했다. 글로벌 경제위기를 거치면서 내수시장은 더욱 움츠러들었다. 국민은 700조 원에 달하는 가계 부채에 허덕이면서 지갑을 닫은 지 오래다. 그러나 새로운 경제·사회 트렌드가 진행되면서 예전에 없었던 `신내수시장이 꿈틀대고 있다. 이른바 △친환경·위생용품 △물산업 △실버산업 △농촌과 농업 △ 관광·레저 등 5대 알짜산업이다.

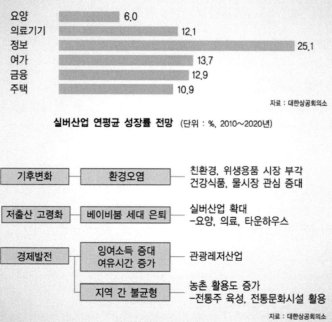

실버산업 연평균 성장률 전망 (단위 : %, 2010~2020년)

요양	6.0
의료기기	12.1
정보	25.1
여가	13.7
금융	12.9
주택	10.9

자료 : 대한상공회의소

기후변화	환경오염	친환경, 위생용품 시장 부각 건강식품, 물시장 관심 증대
저출산 고령화	베이비붐 세대 은퇴	실버산업 확대 -요양, 의료, 타운하우스
경제발전	잉여소득 증대 여유시간 증가	관광레저산업
	지역 간 불균형	농촌 활용도 증가 -전통주 육성, 전통문화시설 활용

자료 : 대한상공회의소

5대 알짜산업 선점 이유

■ 환경 · 위생산업을 잡아라

2008년 베이징올림픽 수영 종목 예선과 결선. TV 중계 화면을 지켜보던 시청자들 사이에서 박태환 선수가 코에 착용한 `신기한` 물건이 화제가 됐다. 그 물건은 삽입형 코전용 마스크 `노스크였다. 분진과 미세먼지, 대기오염에서 호흡기를 보호하는 제품이다.

어린 시절 천식을 앓았던 박 선수가 베이징의 먼지에 대비해 착용한 것이다. 이는 알레르기에 민감한 선진국에서 흔한 제품이다. 노스크를 판매하는 정진구 삼정인터내셔널 대표는 "제품의 98%를 수출한다."며 "공기가 좋지 않은 지하공간에서 일하는 외국인들이 이 제품을 많이 선호한다."고 설명했다. 최근 신종 플루까지 전 세계로 확산되면서 위생시장에 대한 관심은 더욱 높아졌다. 마스크를 포함해 손세정제, 가글액, 휴대용 물티슈 등이 불티나게 팔리고 있다. 전문가들은 기후변화에 따라 여러 환경오염 물질에서 벗어나려는 소비자들 욕구가 점차 높아질 것으로 내다보고 있다.

■ 블루 골드 `물(水)이 뜬다

이제는 단순히 마시는 물이 아니다. 건강에 대한 관심이 높아지면서 `건강에 좋은 물에 대한 소비자들의 수요가 급증하고 있다. 국내 생수 제품보다 평균 두 배 이상 가격인 수입 생수 판매가 매년 20~30%씩 급증하는 것도 좋은 물을 찾는 소비자들의 성향 때문이다. 현재 국내 먹는 물시장 규모는 약 1조 4,000억 원. 알칼리 이온수, 해양 심층수 등 다양한 브랜드를 가진 먹는 물들이 시장을 장악하면서 물시장은 앞으로 큰 폭으로 확대될 것으로 예상된다. 단순히 먹는 물뿐 아니라 피부 미용수, 세정제 등으로 이용되는 물도 고급화 제품이 떠오르고 있다. 기능성 물 제품까지 품질 좋은 물에 대한 수요는 계속 늘어나고 있는 상황이다. 물산업을 전략적으로 육성하기 위해 설비투자도 활발하다. 글로벌 워터마켓과 LG경제연구원에 따르면 전 세계 공공 상하수도와 담수시설 설비 투자 규모는 2007년 3,496억 달러에서 2016년에는 5,295억 달러로 급증한다.

■ 노년층, 실버산업을 잡아라

인구 고령화가 가파르게 진행되면서 내수시장의 주요 소비층이 `노년층으로 옮아가고 있다. 기존 주력 소비층이었던 베이비붐 세대가 향후 5~10년 내에 은퇴를 앞두고 있기 때문이다. 통계청은 2026년이면 전체 인구 5명 중 1명은 65세 이상 노인일 것이라고 예측했다. 이러한 인구 변화로 인해 노인을 위한 실버산업이 새로운 거대 내수시장으로 떠오를 가능성이 높다. 그동안 실버산업은 노인 건강관리에 집중한 의료산업에 한정됐다. 앞으로는 이런 단순한 요양 차원을 넘어 실버산업은 노인들의 새로운 인생 활동 시기와 맞물려 큰 폭으로 성장할 것이다. 예를 들어, 노인을 대상으로 하는 관광·취미·오락산업, 노인을 위한 식품, 의류, 생활용품산업이 새롭게 각광을 받을 것으로 예상된다. 이와 관련해 한국은행은 국내 실버산업 규모가 2010년 43조 9,000억 원에서 2020년에는 148조 6,000억 원으로 확대될 것으로 전망했다. 또 대한상공회의소는 실버산업이 2010년부터 10년간 연평균 12.9% 성장할 것으로 전망했다. 이는 같은 기간 기존 산업 평균 성장전망(4.7%)을 두 배 이상 웃도는 수치다. 업종별로는 요양(6.6%), 의료기기(12.1%), 정보(25.1%), 여가(13.7%), 금융(12.9%) 등 고령친화 부문이 기존 산업 성장률을 뛰어넘을 것으로 전망됐다.

■ 새롭게 떠오르는 농업

최근 막걸리 열풍이 급속도로 확산되고 있다. 이마트에 따르면 막걸리는 올해 8월까지 전년보다 140%의 매출 신장세를 보이고 있다. 7월 이후로는 매출이 200% 이상 증가해 전년 동기 대비 판매량이 3~4배나 증가하고 있다. 건강에 대한 관심이 높아지면서 술도 몸에 좋은 술을 찾는 트렌드가 생겨난 덕분이다. 막걸리는 일본에서도 인기를 끌면서 효자 수출상품이 되고 있다.

상황버섯, 흑미, 찹쌀 등 지역 특산물과 연계한 전통주들에 대한 관심도 갈수록 커지고 있다. 전통주는 농촌 활성화에 새로운 이정표가 되고 있다. 급속한 경제발전 과정에서 도시와 농촌 간 경제 격차가 커진 상황에서 농촌을 육성하는 것은 내수시장 확대와 직결될 수 있다. 농업을 대형화하고 전통주를 육성하고 전통문화시설을 바탕으로 농촌관광을 활성화해서 지역 간 구매력 격차를 줄이는 노력이 필요하다. 최근 기후변화로 친환경 농산물에 대한 관심이 높아지는 것도 농촌에는 상당한 기회다. 한국농촌경제연구원은 2008년 3조 2,000억여 원이었던 친환경 농산물시장 규모는 2020년 전체 농산물시장의 20% 수준인 7조 676억 원이 될 것이라고 전망했다.

■ 주변국 거대 관광 수요를 잡아라

한국은 중국, 일본 등 거대 소비시장으로 둘러싸여 있다. 이 두 국가의 인구만 합쳐도 15억 명에 달한다. 이들을 관광객으로 한국에 유치하면 막대한 내수 개선 효과를 볼 수 있다. 그러나 실제로 한국의 여행수지는 2001년 이후 매년 적자에 허덕이고 있다. 가장 큰 문제는 `외국인 친화적인 관광 환경이 구축되어 있지 않기 때문이다. 길 안내도 대부분 한글로만 되어 있고 바가지요금도 여전하다. 최근 한류 열풍 등으로 관광 수입을 극대화할 만한 호재가 있었지만 여전히 열악한 국내 인프라스트럭처로 관광객들의 지갑을 열지 못했다. 외국인들이 찾을 수 있는 휴양지 등 관광시설뿐만 아니라 의료시설, 교육시설 등을 확대해 외국인 수요를 끌어들인다면 막대한 수익을 창출해 낼 수 있다. 이를 위해 전국을 관광지로 육성해야 한다는 지적이다. 아울러 서비스시장 발전을 가로막는 규제를 전폭적으로 개선하는 정책이 필요하다. 제주도는 `국제 관광객 유치를 위해 휴양형 주거단지, 헬스케어타운, 영어교육도시 등을 추진하지만 여전히 규제로 인해 개발단계에서 발목이 잡혀 있다. 곽진규 제주국제자유도시개발센터(JDC) 의료사업처장은 "영리 의료법인 허용 등 정부 지원이 절실한 상황"이라며 "제주도를 관광 수요를 끌어들일 수 있는 시범 단지로 생각해서 서비스시장 관련 규제 철폐를 긍정적으로 검토해야 한다."고 주장했다.

■ 전문가 진단

- 김주훈(KDI 선임연구위원) : "의료·교육시장 경쟁을 촉진하라." 내수 시장을 확대하려면 무엇보다 서비스 산업을 육성해야 한다. 한국은 의료, 교육 등 고급 서비스 시장의 경쟁력이 뒤처져 있는 것이 문제다.

  한국에서 제공하는 서비스의 질이 낮으니 국내 소비자도 해외 서비스 시장을 찾게 되는 것이다. 고부가가치 서비스 산업이 국내에서 활성화되지 않는 이유는 진입 장벽이 높기 때문이다. 공공성 문제와 연결되어 자유로운 경쟁이 이뤄지지 않고 있다. 한국의 수출 주도형 경제는 글로벌 위기에 취약한 구조다. 글로벌 수요에 지나치게 의존해 지금 같은 경제 위기에 성장률의 진폭이 크게 나타나는 것이다. 상대적으로 뒤처진 내수 시장을 살려 글로벌 위기에도 휘청이지 않는 든든한 안전판을 만들어야 한다.

- 성태윤(연세대 경제학과 교수) : "수출기업 위주 지원정책 버려라." 그동안 정부 정책이 수출 기업 위주였던 것이 사실이다. 직접적이지는 않지만 암묵적인 수출·내수 구분 정책으로 내수 기업들이 소외되고 있었다. 이제는 국내 시장을 희생하고 수출로

경제 발전해야 한다는 사고는 지양해야 한다. 내수와 수출의 이분법적인 접근을 버리고 내수 기업에도 수출 기업과 비슷한 수준의 정책적인 지원을 해줘야 한다. 서비스 산업 활성화를 위해서 중요한 것은 규제를 풀어주는 것이다. 게다가 의료·법률 시장 같은 경우는 진입장벽을 낮춰 경쟁을 유도해야 한다. 하지만 모든 시장의 규제를 일괄적으로 풀어줘야 한다는 의미는 아니다. 예를 들어, 금융 서비스 시장과 같은 경우는 어느 정도 규제를 유지하면서 안정적으로 운용해 나가는 것이 바람직하다.

- 강성진(고려대 경제학과 교수) : "다문화·고령화에 미리 대비해라." 사회 변화에 따라 새롭게 등장하는 소비층을 잡아야 한다. 우리가 간과하고 있는 부분은 다문화 사회. 이미 10명당 1명은 다문화 가정을 이루고 있다. 타 문화를 배척하는 사회적인 인식을 바꿔 나가면서 새롭게 등장하는 이들 소비층에 대한 시장도 활성화해야 할 것이다. 또 다른 중요한 사회 변화는 바로 인구 고령화다. 노년층이 소비할 수 있는 서비스 시장을 발전시켜야 한다. 내수 시장이 적자를 보는 이유는 간단하다. 해외 상품과 비교했을 때 국내 상품이 경쟁력이 없기 때문이다. 교육이나 의료가 특히, 그렇다. 이런 서비스 산업의 발전을 막고 있는 규제를 풀어 경쟁력을 확보할 수 있도록 해야 한다.

- 유병규(현대경제연구원 상무) : "외국인 등 新소비층 발굴하라." 내수 시장의 소비 대상을 확대해야 한다. 내국인만 소비 대상으로 보지 말고 외국인들이 한국에서 소비할 수 있는 시장을 육성해야 한다. 관광, 의료, 교육 등 다양한 분야에서 외국인을 타깃으로 시장을 만들어야 한다. 또한 고소득층이 한국에서 소비할 수 있는 여건을 만들어야 한다. 고소득층을 타깃으로 한 최고급 상품을 개발해서 해외로 나가는 소비를 한국으로 끌어들여야 한다. 인구가 줄어드는 상황에서 내수는 축소될 수밖에 없다. 출산 확대 정책도 이런 관점에서 내수 시장 활성화 정책으로 볼 수 있다. 북한 진출 확대도 내수 시장 활성화의 대안이 될 수 있다. 남북 간의 경제 통합을 구체화시켜서 숨겨져 있는 북한 시장을 확대하는 것도 장기적으로 한국 내수를 튼실하게 만드는 정책이 될 수 있다.

자료 : 매일경제신문, 2009년 9월 20일

용어정리

서드 에이지(third age)

40대 이후 삶의 의미를 찾아 가는 시기를 뜻한다.

참 고 문 헌

윌리엄 새들러 지음, 김경숙 옮김. **서드 에이지. 마흔 이후 30년**. 사이출판사.

동아일보. 2005년 12월~2006년 4월. http://www.donga.com.

조선일보. 2005년 12월 26일. http://www.chosun.com.

매일경제. 2009년 9월 20일. http://www.mk.co.kr.

Part **3**

부자와 재테크

Chapter

8

부자학

Chapter 8 부자학

학습목표

1. '부자가 되고픈 열망'을 반영이라도 하듯이 과거에 비해 부자에 대한 높은 관심의 표명과 함께 마침내 '부자 따라 하기'의 열풍까지 불고 있다. 따라서 이번 주의 학습목표는 부자에 대해 포괄적으로 논의할 시간을 가져본다.

2. 보통명사로 쓰이는 '부자'의 사회적 개념과 통념에 대해 살펴본다.

3. 몇 가지 사례를 통하여 '부'의 형성과정을 살펴보고 부자를 이해할 시간을 갖는다.

1 부자의 개념

생각해 보기

내 남자 친구? 결혼상대로 정말 괜찮은 사람인가?

- Check point   1. 매너   (Q) 나한테만 잘한다.

                     2. 전직   (Q) 매일 직장을 그만둔다고 한다.

                     3. 관계   (Q) 유능해서 직장을 옮겼다.

                     4. 능력   (Q) 일순간에 떼돈을 벌 수 있다고 한다.

부자?

솔깃한 주제입니다. 물론 상대적인 개념이라서 '부자이야기'가 오히려 힘이 빠질 수도 있습니다. 여러분들은 자산이 얼마만큼 있어야 '부자'라 말할 수 있다고 생각하십니까?

(답) ① 직장인을 대상으로 한 여론 조사 결과 : 10억 원

       ② 국민 전체를 대상으로 했을 때(1993년 한국갤럽) : 12.8억 원

       ③ 서울 강남을 대상으로 했을 때(2005년 한국갤럽) : 평균 46억 원

       (강남, 서초, 송파의 40평 이상 아파트 소유주민 대상 조사 결과)

1) 부자의 의미

부자란 어떤 사람들일까? 이런 질문에 대한 궁금증은 누구나 한 번쯤 가져보는 질문이라고 생각된다. 부자란 개념에 대한 정의도 참으로 많이 있는 것이 사실이다. 많은 정의 중에서 부자란 경제적 자유를 얻은 사람을 지칭하는 말로 보면 무리가 없을 것이다. 그렇다면 경제적으로 재산이 어느 정도 있으면 부자일까? 이런 관점에서 부자에 대해 살펴보자.

먼저 부자의 의미에 대해 부자를 정리해 보면 아래와 같이 여러 가지 각도에서 부자를 설명할 수 있다. 즉, 부자들은 보는 각도에 따라서 네 가지로 요약할 수 있다.

첫째, 부자란 경제적 자유를 획득한 사람이다. 경제적 자유란 자신이 하고자 하는 일들, 인생의 목표들을 달성하는 데 있어서 돈에 종속되지 않고 실천할 수 있는 능력을 의미한다.

둘째, 노동자는 부자가 아니다.

한 달에 1,000만 원을 버는 전문직 종사자가 있다고 하자. 이 전문직 종사자의 재산이 현재 10억 원에 달하고 15억 원짜리 주택에 살고 있으며, 월 생활비로 600만 원을 소비하고 400만 원은 대출금을 상환하는 데 사용한다면 과연 이 전문직 종사자는 부자일까?

셋째, 경제적 측면에서 본 부자의 조건은 아래와 같다.

- 자신의 욕망(=목표) < 자산의 규모
- 급여소득+사업소득 < 자산으로부터 얻는 소득. 원하는 생활수준 이상 지속적으로 발생할 수 있는 수입구조
- 위험에 대해 충분히 대비가 있는 구조
- 지금 즉시, 원하는 삶을 살아갈 수 있는 상태

넷째, '부자'라는 의미는 자산과 떼어서 생각할 수 없다. 하지만 부자의 개념은 절대적인 자산의 규모와 소득의 규모로만도 판단할 수는 없다. 부자라는 의미에는 가치와 만족이라는 매우 주관적인 개념이 존재하기 때문이다.

표 8-1 부자

구 분	재산 규모	현금 보유액	분 포
절대적 부자	500억 원	100억 원	300명
상대적 부자	30~50억 원	10억 원	20만 명
한계적 부자	10억 원	3억 원	70만 명

자료 : 부자학 보고서(서울여대 한동철 교수, 2006년 기준)에 기초하여 저자가 재구성함

이 외에도 현금을 얼마 소유하고 있는가? 의 관점에서 부자를 구분해 볼 수도 있다. 즉, 현금의 관점에서 부자들은 세 가지로 나누어 생각해 볼 수 있다. 우선, 절대적 부자인가? 상대적 부자인가? 아니면 마지막으로 한계적 부자인가? 부자들도 상대적인 소유에 따라 세 부류로 분류하여 보는 것이 개념을 명확히 할 수 있을 것이다.

2) 정부자료를 통해 본 부자[1]

우리는 부자의 의미를 여러 각도에서 살펴보았다. 하지만 부자를 보는 시선을 부의 소유로만 구분하는 것은 여전히 주관성이 많이 개입될 수밖에 없다. 즉, 보는 사람에 따라 부자의 구분을 달리할 수 있다는 점이다. 부자들이 보는 부자와 빈자들이 보는 부자에 대한 구분에 차이가 있을 수 있기 때문이다.

따라서 이러한 주관성을 배제하고 객관적인 관점에서 부자를 살피기 위해서는 정부에서 매년 공개하는 여러 자료를 통하여 우리는 부자들을 다시 가름해 볼 수 있다. 즉, 매년 공개되는 정부의 여러 가지 자료를 바탕으로 우리나라의 부자들을 구분하여 보면 아래와 같이 예금기준과 과세기준으로, 그리고 종합토지세[2] 기준으로 분류하여 볼 수 있다.

첫째, 예금을 기준으로 현금 3억 원 이상 보유 계좌를 살펴보면 우리나라는 1998년 기준 12만 명의 계좌가 있었으며, 2003년에는 16만 계좌로 증가하였다.

---

1) 축적된 신문기사 자료
2) 과거의 종합토지세는 종합부동산세로 변경되었다.

이 외에도 2004년 기준으로 12억 원 이상의 계좌가 6만 5,000명이나 되었다.

둘째, 과세의 기준에서 부자를 구분해 볼 수 있다. 2000년 기준으로 과세가 1억 원 이상인 대상이 4만 4,000명이었으며, 같은 연도 연봉이 1억 원 이상인 사람도 3만 명이나 되었다.

셋째, 부동산 보유와 관련하여 부자를 구분해 볼 수 있다. 우리나라에서 한때 부과되던 종합토지세를 기준으로 보면 100만 원 이상 납부한 소유권자들이 2001년 11만 명에서 2003년 13만 명, 그리고 2004년에는 17만 명으로 증가되었다. 그 당시 통합토지세 100만 원을 내려면 공시지가 6억 원 이상의 토지에 대해 부가되는 세금인데, 이는 당시의 실거래가로 12억 원 이상의 부동산을 소유한 사람에 해당된다.

2 한국의 부자들

1) 10억 원 이상 예금자(지역별 비중)

돈의 가치가 현금의 시간적 가치로 인하여 과거보다는 줄어들고 있지만 아직도 10억 원이란 예금은 엄청난 돈임에 틀림이 없다. 이 장에서는 한국 부자들의 분포를 살펴보기 위하여 우리나라 금융기관에 10억 원 이상 예금한 사람들의 분포도를 지역별로 분석해 보는 시간을 통하여 우리나라 부가 어떻게 흩어져 있는가를 살필 수 있는 시간을 갖고자 한다.

그림 8-1에서 살펴보는 바와 같이 서울지역에 64%, 경기지역에 15%로 분포되어 있는 것으로 조사되었다.

■ 전국적으로 1만 2,758명(현금합계 약 30조 원, 평균 23억 원)
■ 서울이 8,208명(64.3%)으로 예치금 20조 원 6,778억 원(69.7%)

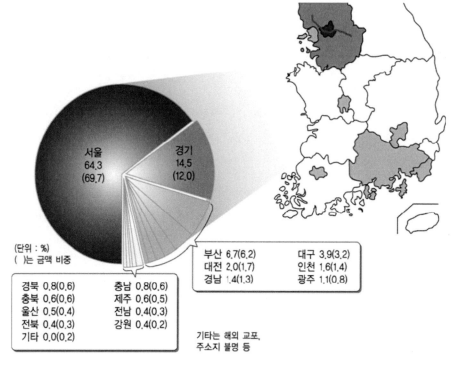

서울
64.3
(69.7)

경기
14.5
(12.0)

(단위 : %)
( )는 금액 비중

부산 6.7(6.2)   대구 3.9(3.2)
대전 2.0(1.7)   인천 1.6(1.4)
경남 1.4(1.3)   광주 1.1(0.8)

경북 0.8(0.6)   충남 0.8(0.6)
충북 0.6(0.6)   제주 0.6(0.5)
울산 0.5(0.4)   전남 0.4(0.3)
전북 0.4(0.3)   강원 0.4(0.2)
기타 0.0(0.2)

기타는 해외 교포,
주소지 불명 등

그림 8-1 10억 원 이상 예금자(지역별 비중)

자료 : 동아일보, 2005년 11월 21일

2) 10억 원 이상 예금자(수도권 분포)

다음으로는 지역을 세분화하여 수도권에 어떻게 분포되어 있는가를 살펴보고자 한다. 수도권에서는 서울 강남구가 앞도적인 강세를 보이고 있고 그 뒤를 강남 3구에 해당하는 서초구, 송파구에 많은 분포를 나타내고 있다. 그 외의 지역으로는 서울 종로구와 용산구가 우세를 나타내고 있다. 우리들이 보통 알고 있는 부촌지역과 맥을 같이 한다고 할 수 있다.

인천지역은 남구, 중구, 부평구 그리고 남동구에 많이 분포되어 있는 것을 보이고 있다.

- 서울은 강남 3개구에 편중, 1인당 예치금은 강북이 강세
- 인천은 중구, 경기는 분당이 강세

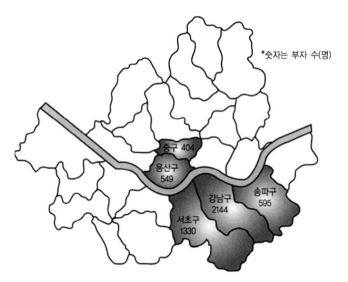

*숫자는 부자 수(명)

중구 404
용산구 549
강남구 2144
송파구 595
서초구 1330

그림 8-2 10억 원 이상 예금자(수도권 분포)
자료 : 동아일보, 2005년 11월 21일

3) 10억 원 이상 예금자(수도권 이외 분포)

다음은 10억 원 이상 예금자들의 수도권 이외의 분포에 대해 살펴보고자 한다. 수도권 이외의 지역에서는 부산과 대구 지역에 대한 분포가 많이 나타나 있으며, 대구 지역의 경우는 달서구와 수성구의 분포가 높은 것으로 조사되었다. 부산의 경우는 해운대구의 분포가 가장 많은 것으로 조사되었다.

그 외의 지역으로 울산의 경우는 남구와 중구가, 대전의 경우는 서구와 중구의 분포가 높은 것으로 나타났다. 광주의 경우는 동구와 북구, 그리고 서구에 골고루 분포된 것으로 조사되었다.

■ 부산, 대구, 대전은 변두리(강남) 지역으로, 부산(중구 → 해운대구, 수영구), 대구(수성구), 대전(서구)
■ 울산, 광주는 시대(기존) 지역

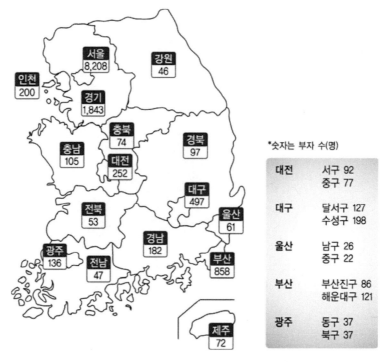

그림 8-3 10억 원 이상 예금자(수도권 이외 분포)

자료 : 동아일보, 2005년 11월 21일

③ 부자 따라 하기

생각해 보기

■ **부자 소질 테스트**

1. TV홈쇼핑을 이용해 물건을 구입하지 않는다. 직접 가는 편이다.
2. 구체적인 목표를 정하고 목돈을 만들기 위해 저축한다.
3. 수입의 50% 이상을 저축하고 있다.
4. 물건을 살 때 3번 이상 생각한다.
5. 물건을 살 때 반드시 깎으려 한다.
6. 좋은 차로 바꾼 친구를 부러워하지 않는다.
7. 돈 많은 사람이 돈을 쓰는 것에는 문제가 없다고 생각한다.

8. 한해에 내가 낸 세금이 얼마인지 알고 있다.

9. 종합소득세를 내고 있다.

10. 세금에 대한 상식이 있으며 절세하는 법을 잘 알고 있다.

11. 시중 은행의 이자율이 몇 %인지 알고 있다.

12. 절약이 몸에 배인 부모 밑에서 자랐고, 부모 생각에 동의한다.

13. 돈을 열심히 버는 목적은 가정의 행복과 건강이다.

14. 돈을 아끼고 열심히 모으는 배우자와 함께 산다.

15. 투자에 밝은 친구 혹은 부자 이웃이 있다.

16 일찍 자고 일찍 일어난다.

17. 돈을 아끼는 이유는 항상 아껴쓰는 자세가 중요하기 때문이다.

18. 남들로부터 성실하다는 평을 받고 있다.

19. 한번 세운 원칙은 꼭 지키는 편이다.

20. 주식투자 시 기대수익률은 20~30%가 적당하다.

■ **테스트 결과**

17개 이상 : 당신은 이미 부자

10~16개 : 부자의 길목에

5~9개 : 부자에 대해 연구하고 실천이 요망

5개 미만 : 부자가 가는 반대의 길

자료 : 한상복(2003), 한국의 부자들, 위즈덤하우스

1) 부자마인드

《부자가 되고 싶으면 부자에게 점심을 사라》는 제목의 책이 한동안 유행한 적이 있다. 부자가 되기 위해선 부자들이 어떻게 생활하고 행동하는가를 살펴보는 것이 부자가 되는 데 도움이 될 수 있음에 관한 이야기의 책이다. 이미 부자의 반열에 오른 사람들의 이야기를 통하여 가까운 장래에 부자가 되고자 하는 사람들에게 부자의 모습과 삶을 곁눈질 해 볼 수 있는 기회를 제공하기 때문이다. 따라서 부자들을 살펴보고 부자들의 생각과 생활양식을 살펴보고 이들의 삶을 우리의 삶에 투영해 보는 시간을 가져 본다.

(1) 자수성가한 부자의 다섯 가지 덕목(부자 100명에 대한 설문조사)[3]

자수성가한 부자들의 덕목을 설문조사한 결과 이들에게는 공통적으로 끼, 깡, 끈, 꼴, 꿈과 같은 다섯 가지의 덕목이 있었다. 이들 덕목을 하나하나 살펴보면 아래와 같다.

- **끼(성실)**

  성실성(74명, 복수응답), 양심적(15명)

- **깡(실행)**

  맺고 끊는 것이 확실하다(43명), 과감하다(28명)

- **끈(인적 네트워크)**

  친화력이 있다(61명), 사교적이다(34명).

- **꼴(얼굴에 책임)**

  밝은 표정, 믿음직(62명), 솔직(18명), 우직(13명), 자상(5명)

- **꿈(간절한 소망)**

  욕심이 많다(76명), 열정적(39명), 인생을 즐길 줄 안다(11명)

(2) 돈 자랑하지 마라

부자들의 또 다른 특징 중의 하나는 자신들이 부자임에도 불구하고 자신은 돈이 없다고 할 정도로 돈 자랑을 하지 않는다는 사실이다. 심지어는 인색하게 생각될 정도로 돈에 관하여 수전노 같은 경향을 보이는 부자들도 있다는 사실이다.

- 겸손한 자세를 유지해야 돈이 모이고 돈을 벌 수 있고 기회도 생긴다. 스스로 치켜세우는 사람들의 자랑에는 반드시 거품이 있다.
- 동창회 모임 연구(세 부류의 사람들)
  - 연신 자기 자랑 스타일

---

3) 한상복(2003), 한국의 부자들, 위즈덤하우스

- 남의 자랑 들으며 속상해하는 사람
- 남의 애기만 열심히 듣는 사람

(3) 부지런함

부자들은 대체적으로 매우 부지런하다는 특징을 가지고 있다. 기상시간이 심지어 4시 이전인 경우도 있을 정도로 매우 부지런한 아침형 인간이 많다는 특징을 보이고 있다.

■ **부자들의 취침시간**

9시 이전(26%), 9~10시(38%), 10~11시(19%)

■ **부자들의 기상시간**

4시 이전(21%), 5~6시(67%), 6~7시(8%)

(4) 낙관적인 삶

부자들의 또 다른 특징은 낙천적인 성격과 긍정적인 성격의 소유자가 많다는 사실이다. 미래에 대해 항상 긍정적으로 임하는 자세의 소유자들이 많다는 점이다. 아래에 제시된 몇 가지 예를 통하여 이들을 살펴보자.

■ IMF 사태 당시, '우리 경제가 끝장날 것'이란 쇼크에서 주식을 매수한 경우
■ '시골 땅값 얼마나 오르겠어?'라며 전문가들이 반대할 때 땅을 산 경우
■ 모 증권사 지점장−과다한 욕심으로 '미수거래'로 깡통을 찬 후, 수면제로 자살을 기도하려다 '죽을 각오로 뭐는 못하겠는가?'로 다시 시작하여 '화백(화려한 백수)'이 된 경우

(5) 신용이 무기

부자들이 중시하는 덕목 중의 하나는 바로 '신용'이다. 자신이 어려운 처지에 처해 있어도 신용을 지키기 위해 많은 노력을 한 경험을 가지고 있는 사람들이 많다는 점이다.

- 사업 성공의 제1요건은 신용(얄팍하면 성공하기 어렵다)
- 스스로 즐겁지 않으면 남을 즐겁게 해줄 수 없다.

성공의 요건으로 다음과 같은 설문조사 결과가 있다(대한상공회의소 설문조사 결과).

- 신용(74%)
- 장사수완(15%)
- 재력(4%)
- 장사운(3%)

2) 백만장자들의 10가지 습관[4]

백만장자들은 그들의 삶을 지탱하는 그들만의 습관이 있으리라고 생각된다. 이러한 습관은 그들의 생활철학이 배어 있는 결과물이며, 어쩜 그들의 삶의 철학이라고 여겨진다. 이들의 습관을 통하여 부자들의 삶을 엿볼 수 있는 시간을 가져 보고자 한다. 이들의 습관 10가지를 소개하면 아래와 같다.

- 내가 좋아하고 다른 사람이 기뻐하는 일을 선택한다.
- 성실을 무엇보다 중요하게 생각한다.
- 운이 좋다, 행운이 있다고 생각한다.
- 어떤 위기도 뛰어 넘을 자신이 있다.
- 주위 사람들에게 지지받고 있다고 느낀다.
- 인생의 스승, 멘토가 있다.
- 배우자가 최대의 지지자이다.
- 아이에겐 다양한 경험이 중요하다고 생각한다.
- 장기적인 안목을 가지고 생활한다.
- 어떤 일이라도 마지막 결단은 스스로 할 수 있다.

---

4) 혼다켄 지음, 홍찬선 옮김(2004), 부자가 되려면 부자에게 점심을 사라, 더난출판사

부자들의 생활철학

부자들의 철학을 하나로 요약하기란 쉽지 않다. 세상엔 많은 부자들이 존재하듯이 이들의 철학도 매우 다양하기 때문이다. 하지만 그래도 이들이 가지는 공통적인 철학을 찾아서 몇 가지를 소개해 보면 다음과 같다.

첫째, 이들은 생각보다 매우 검소하다는 사실이다. 이들은 자신이 소유한 것에 비하여 검소한 경우가 많기에 보통 사람들이 쩨쩨하다고 생각될 정도로 인색한 경우가 많다. 미국에서 한때 선풍적인 인기를 끌었던 유명한 책인 《백만장자인 나의 이웃(The millionaire next door)》에서 아주 평범해 보이며 나의 이웃에 사는 백만장자 부자들은 주로 10년이 넘도록 오래된 자동차를 타고 다닐 정도로 검소하단 사실이다. 세계의 부자인 워런 버핏도 자신의 부에 어울리는 새집을 마련하지 않고 수십 년 된 낡은 집5)에서 살면서, 오래된 차를 몰고 다니는 것으로 유명하다.

둘째, 이들을 지배하는 키워드는 '가치(value)'6) 이다. 이들이 세상을 보는 눈은 항상 그럴만한 가치가 있는 것인가? 란 점이다. 이런 가치의 원리가 이들을 지배하기에 한 푼 두 푼 어렵게 모은 돈이라도 자신들이 가치가 있다고 생각되는 부분에 대해서는 아무리 커다란 금액의 돈이라고 아낌없이 돈을 쾌척하는 것을 본다. 우리는 신문을 통하여 자신에 대한 투자에 너무할 정도로 인색하신 분들이 어느 날 많은 돈을 사회에 환원하는 모습을 접할 때, 부자들이 가치를 중시하는 삶을 영위한다는 것을 엿볼 수 있다.

셋째, 매우 근면하다는 사실이다. 부자들 중에는 소위 말하는 '아침형 인간'7)이 많다. 설문조사에 따르면, 부자들은 늦어도 오전 6시전에 기상을 하며, 심지어는 오전 4시 경에 일어나는 분들도 많다. 몸에 배인 부지런함을 일생 동안 간직하고 살아온 일례로 고(故) 정주영 회장의 아침 일찍 기상했던 일화8)는 너무나도 유명하다.

마지막으로 몸에 밴 생활철학을 조금도 흔들림 없이 지속적으로 유지한다는 점이다. 따라서 마침내는 생활철학이 습관에 이르게 하는 공통점을 가지고 있다.

---

5) 버핏은 1958년 이 집을 구입한 이래 한 번도 이사를 하지 않고 검소하게 생활하고 있다.

6) 부자들의 마음을 지배하는 가치란 '과연 그럴 가치가 있는가?' 란 자신들의 질문에 관한 내용이다. 따라서 우리가 사회에서 통용되는 일반적 가치와는 달리 주관적인 가치가 지배될 수 있다.

7) 아침형 인간은 한때 서점가를 휩쓴 책의 제목이기도 하다. 서점가를 거닐다 보면, 아직까지도 제2, 제3의 아침형 인간이란 책들이 서점가를 배회하고 있는 것을 볼 수 있다.

8) 고(故) 정주영 회장이 자신이 일찍 일어나는 이유를 '내일이 기대되어서' 라는 표현으로 일반인들이 일을 중심으로 할 일을 마무리하기 위해서 기상하는 느낌보단 보다 적극성을 가진 동인(動因)이 있었다고 여겨진다.

철강왕 카네기

카네기(Andrew Carnegie)는 미국 이민 1세대이다. 13세 되던 해에 아버지를 따라 미국 피츠버그로 이민을 왔다. 그는 기회의 땅이라 여겨지는 미국에서 소위 이야기하는 '아메리칸 드림(american dream)'을 이룬 입지전적인 인물이다.

대다수의 이민 1세대들이 그러하듯이, 이민 초기의 생활은 어린 카네기의 삶에도 그대로 투영되어졌다. 여유롭지 못한 집안형편으로 친구들과 같이 학교를 다니는 것을 꿈꿀 수가 없었다. 그는 교육도 받지 못하고 전신기사와 기관사 조수로 사회에 첫발을 내디뎠다. 카네기는 비록 나이는 어렸지만, 여타의 전신기사와 기관사 조수들과 다른 모습을 보였다. 여타의 조수들과 다른 차이점은 바로 '가난'이란 단어가 주는 의미를 그는 한시도 잊지 않았다는 점이다. 생각의 차이가 행동을 유발하듯이 그의 행동은 다른 조수들과 차별화 될 수밖에 없었다. 어려운 현실에도 불구하고 그의 마음엔 미래에 대한 꿈이 익어가고 있었다.

그는 철도회사에 근무하면서도 근검하고 절약을 하여 돈을 모아 나갔다. 마침내 그는 그동안 그가 절약해서 모은 돈을 가지고 30세 되던 해에 자신의 철강회사를 차려 독립을 했다. 그가 세운 철강회사는 외형적으로 보기엔 단순한 철강회사였겠지만, 오랜 동안 그가 마음속으로 그려왔던 미래의 꿈과 '가난탈피'란 열망의 덩어리가 응집된 결정체였는지도 모른다. 여기에 미래엔 철강 소비가 증대할 것이란 그의 정확한 예측은 그의 회사는 날로 발전할 수 있는 충분한 여건을 만들어 주었다.

마침내, 56세가 되던 1892년에 그는 그의 이름을 딴 '카네기 철강회사'를 설립하였다. 카네기 철강회사는 당시에 미국 철강생산의 1/4을 차지할 정도의 철강 트러스트였으니 그 규모를 가히 짐작하게 한다. 84세를 일기로 세상을 마감하기 전에 그는 자신이 소유했던 모든 재산을 사회에 환원함으로써 세상을 또다시 놀라게 했던 것으로도 유명하다.

자료 : 임태순(2010), 핵심재테크, 이담북스

용어정리

> **가치(value)**
>
> 부자들이 세상을 보는 눈의 잣대를 의미한다. 즉, '그럴만한 가치가 있는 것인가?' 란 관점에서 의사결정이 이루어진다는 것이다. 이런 가치의 원리가 이들을 지배하기에 한푼 두푼 어렵게 모은 돈이라도 자신들이 가치가 있다고 생각되는 부분에 대해서는 아무리 커다란 금액의 돈이라도 아낌없이 돈을 쾌척하는 것을 본다. 따라서 가치는 부자들의 마음을 움직이는 동인(動因)이 되는 것이다.

참 고 문 헌

임태순(2010). **핵심재테크**. 이담북스.

한동철. **부자학 보고서**.

홍성민(2002). **행복한 부자들의 돈버는 습관**. 더난출판사.

한상복(2003). **한국의 부자들**. 위즈덤하우스.

홍찬선(2004). **부자가 되려면 부자에게 점심을 사라**. 더난출판사.

동아일보. 2005년 11월 21일. http://www.donga.com.

조선일보·중앙일보·동아일보. 수년치 기사자료.

Chapter

9

영역별 재테크

학 습 목 표

1. 금융을 활용한 재테크에 대해 알아본다.
2. 증권을 활용한 재테크에 대해 알아본다.
3. 부동산 재테크에 대해 알아본다.

1 금융 재테크

생각해 보기

'은행'을 잘 활용하고 계십니까?

금융 재테크 능력을 자가진단해 보는 시간

• Check point 1. 대출이해 (Q) 빌린 돈은 무조건 빚? 대출의 지렛대 효과를
                           이해하고 있다.
              2. 자금활용 (Q) 대기성 자금을 보통예금에 가지고 있다.
              3. 협상능력 (Q) 이자와 대출 금리는 범위 내 조정이 가능하다.
              4. 상품비교 (Q) 은행상품을 쇼핑하는 데 익숙하다.
              5. 금융용어 (Q) 금융용어의 정확한 개념을 알고 있다.

파레토의 법칙

파레토의 법칙이란 이탈리아의 경제학자인 파레토가 한 이야기로서 '전체 결과의 80%는 전체 원인 중 20%에서 비롯됐다'는 내용으로 상위 20% 사람들이 전체 부의 80%를 가지고 있다고 해석된다.

실제로 은행의 상위고객 23.5%가 은행 총수신의 89.6%, 총여신의 62.5%를 차지하여 영업이익 기여도가 83.3%에 달한 것으로 나타났다.

재테크의 영역이 다양화되고 있다. 우리나라의 경우 과거엔 부동산 중심의 재테크에서 최근에는 금융과 증권 재테크에 대한 관심이 증대되고 있다. 이러한 추세 속에 리먼 브라더스의 사태로 촉발된 2008년의 글로벌 금융위기를 통하여 많은 투자자들은 펀드와 주식에서 '반 토막'[1] 이라는 유행어를 만들어 내면서 금융 재테크에 대한 중요성을 다시 인식하게 되었다. 따라서 이 장에서는 금융 재테크에 대해 살펴보고자 한다.

1) 금융상품선택

금융을 통한 재테크의 종류가 다양화되고 있다. 과거엔 절약을 통하여 모은 돈을 금리가 높은 은행에 저축을 하는 것이 금융 재테크의 기본이자 핵심이었다. 하지만 방카슈랑스시대를 맞이하여 금융상품의 다양화로 인하여 금융 재테크는 좀 더 복잡하게 되어 일반 투자자들의 경우 어떠한 상품을 선택하는 것이 나에게 맞는 투자인지를 선택하는 것조차 쉽지 않게 되었다.

투자의 기본은 위험과 수익의 보상관계[2]로부터 출발한다. 높은 수익을 원하면 당연히 높은 위험을 감수해야 한다. 따라서 금융 재테크의 기본은 높은 수익에 초점을 두기보다는 투자자의 입장에서 자신이 감당할 수 있는 위험의 정도를 파악하고 이에 따른 수익을 얻는 것이 옳다고 하겠다. 예를 들어, 위험을 감당하기 어려운데, 위험이 높은 상품을 선택하는 것은 투자자의 투자성향에 맞지 않은 투자를 하고 있다고 하겠다.

따라서 투자를 하기에 앞서 자신의 투자성향을 파악하고 이게 알맞은 투자 상품을 선택하는 것이 현명하다고 볼 수 있다. 이러한 맥락에서 투자 성향에 따른 금융상품을 선택하는 금융 재테크 선택을 그림 9-1에서 살펴보기로 하자.

---

1) 2007년 우리나라는 펀드의 열풍에 휩싸여 있었다. 하지만 2008년 촉발된 글로벌 금융위기로 말미암아 주가는 하락을 거듭했고, 펀드투자들은 주가에 기초한 자신의 투자자산이 투자금액의 반으로 축소되는 어려움을 2009년 동안 겪는 사태가 발생하였다.

2) 위험과 수익의 보상관계란 위험이 높으면 수익도 높다(high risk, high return)는 개념이다. 즉, 수익이란 위험을 선택한 것에 대한 보상이라는 해석이다.

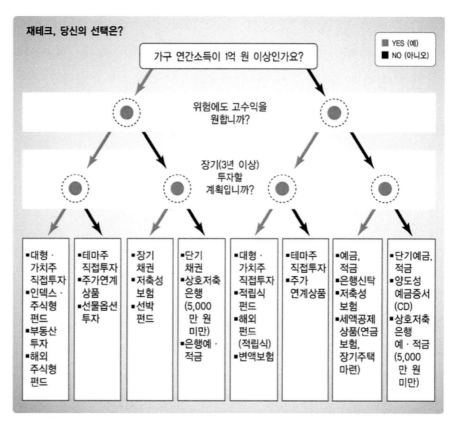

그림 9-1 금융 재테크 선택

자료 : 중앙일보, 2006년 1월 2일

　그림에서 살펴볼 수 있는 바와 같이 금융상품을 선택하기 위해서는 자신의 위험성향에 대한 파악과 아울러 얼마나 오랜 기간 동안 투자가 가능한 자금인가? 에 대한 자신의 계획이 있어야만 자신에게 적합한 금융 재테크를 할 수 있도록 계획되어 있다.

2) 금융 재테크

　금융상품의 선택 다음으로 금융 재테크에서 중요하게 고려되어야 할 사항은 세금과 관련된 부분이다. 투자자들은 금융상품을 선택할 때, 위험이 동일하다는 전제조건하에서는 가능하면 투자수익률이 높은 상품을 선택하게 될 것이다.

여기서 투자자들은, 투자 상품이 가져다 주는 수익률이 자신의 실질수익률이 되는 것이 아니고, 실질수익률은 투자 상품의 수익률에서 세금(tax)[3]을 제외한 것이 실질 수익률이 되는 것이다. 따라서 투자자의 입장에서 일반세금이 아닌 세금우대나 비과세 세금이 적용되는 상품에 대해 관심을 기울일 필요성이 있다.

그렇다면 이러한 세금우대나 비과세 세금은 어떻게 되어 있는지 살펴보자.

① 비과세제도
이자 및 배당에 세금이 없는 제도

② 세금우대제도
절세제도, 이자 및 배당에 9.5% 세율(이자소득 9%, 농특세 0.5%)

③ 소득공제제도
과세대상 금액을 차감하여 결정세금을 내리는 절세제도(의료비, 보험료, 신용카드 사용 등)

④ 세액공제제도
저축가액 금액의 일부를 종합소득 산출 세액에서 직접 공제하여 실제로 납부해야 하는 종합소득세 및 근로소득세를 경감해 주는 제도로 세액 지원 중에서 가장 파격적인 지원방법(예 : 2006년 말까지 한시적으로 적용을 하였던 비과세 장기주택마련저축 등)

⑤ 금융종합과세
1년간의 금융소득을 합하여 4,000만 원 초과분을 종합소득에 합산하여 과세하는 제도

---

3) 현재의 세금은 개인의 경우 일반과세 15.4%(이자소득 14%+주민세 1.4%)로 되어 있다.

2 증권 재테크

생각해 보기

야구에서 훌륭한 타자가 되기 위한 첫 번째 조건은 무엇일까? 훌륭한 타자가 되기 위해서는 여러 가지의 조건이 필요하다. 훌륭한 신체조건, 빠른 운동신경, 부단한 노력 등이 요구된다. 하지만 그중에서도 가장 중요한 요소를 한 가지만 꼽으라면 어떠한 조건이라고 생각되십니까?

답 선구안(選球眼)

재테크의 영역 중에서 그래도 투자자들의 많은 관심이 집중되는 곳은 증권 재테크라고 생각된다. 이를 반영이라도 하듯 시중의 서점에 나가 출판되어 있는 책의 종류를 보면 아마도 증권관련 서적이 제일 많으리라고 생각된다.

위의 '생각해 보기'에서 훌륭한 타자가 되기 위한 전제조건으로 '선구안'을 답으로 제시하였다. 증권에 투자를 하고 계신 분들은 '선구안'이란 지적에 무릎을 치시면서 많은 느낌을 갖으리라고 생각된다. 훌륭한 투자가 되기 위해서는 스트라이크 존으로 오는 공을 정확하게 알아내야 하듯이, 증권투자에서 많은 수익을 내기 위해서는 상장되어 있는 주식 중에서 정말로 좋은 주식을 선별해 내야 하는 능력이 좋아야 하지 않을까?

투자의 대가들은 주식투자와 관련하여 많은 철학을 이야기하고 있지만, 그중에서 두 가지의 핵심적인 내용을 꼽으라면 저자는 첫째, 원금을 손실하지 않아야 한다('워런 버핏'의 말) 둘째, '주식은 타이밍의 예술이다'라는 내용을 꼽고 싶다. 원금을 손실하지 말아야 한다는 내용은 수익보단 위험관리에 치중을 하여야 한다는 뜻으로 해석된다. 그리고 타이밍의 예술을 강조한 부분은 주식투자에서 매수와 매도의 타이밍을 잡는 것이 주식투자의 알파이자 오메가이기 때문이다.

그렇다면 증권 재테크를 하기 위한 기초로서 경기변동과 주가와의 관계와 금리변동과 주가의 관계, 그리고 펀드투자 등을 차례로 살펴보기로 하자.

1) 경기변동에 대한 이해

투자를 하기에 앞서 일어나는 투자자들의 유형을 살펴보면 두 가지 유형으로 나누어 살펴볼 수 있다. 하나는 숲을 보고 나무를 보는 방법이다. 그리고 다른 하나는 나무를 먼저 보고 숲을 살피는 방법이다. 경기변동과 주식의 관계를 살피는 것은 앞에서 제시된 두 가지 유형 중에서 숲을 살피고 나무를 살피는 유형에 해당한다. 즉, 주가의 움직임을 파악하기에 앞서 거시적인 지표인 경기변동이 어떻게 진행되는가를 살펴서 주가를 파악하는 체계이기 때문이다.

그림 9-2에서 살펴보는 바와 같이 경기의 순환으로 볼 때, 경기는 금융장세, 실적장세 그리고 역금융장세, 역실적장세의 순환을 가진다. 여기서 금융장세와 실적장세는 경기의 확장국면에 해당하고, 역금융장세와 역실적장세는 경기의 수축국면에 해당된다.

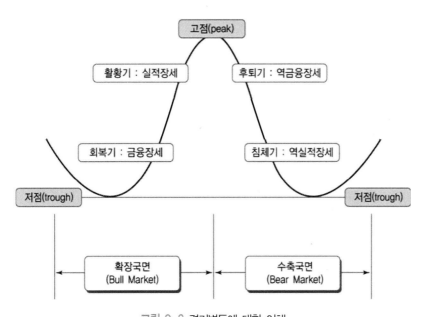

그림 9-2 경기변동에 대한 이해

자료 : 박영호(2001), 왕초보도 쉽게 배우는 기술적 분석, 진리탐구

따라서 일반적인 투자자라면 확장국면 초기나 역실적장세 끝에 주식에 투자를 하고 실적장세 후반기나 역금융장세 초기에 주식투자에서 몸을 빼는[4] 전략을 구사하면 성공확률이 높은 주식투자자가 될 것이다. 바로 주식은 타이밍의 예술이라는 의미를 다시 생각하게 하는 부분이다.

2) 금리변동에 대한 이해

투자의 원칙 중에 '금리의 눈으로 보아라' 라는 정설이 있다. 모든 투자를 함에 있어서 금리의 변동을 주시하라는 의미이다. 이와 같이 투자에 있어서 금리의 변동은 투자결정에 많은 영향을 준다. 그중에서도 주식투자에 있어서 금리의 변동은 매우 중요하게 다뤄야 할 부분이다. 금리의 변동은 주가에 바로 영향을 주기 때문이다.

그림 9-3은 금리변동이 주식투자에 어떻게 영향을 주는가를 잘 설명해 주고 있다. 금리가 상승하게 되면 주가는 하락하기 쉽다. 금리가 상승하면 투자자의 입장에서는 주식투자보다는 위험이 적은 높은 은행의 이자에 대한 관심이 늘어날 수 있기 때문이다. 기업의 입장에서도 이자의 상승은 기업이 가지고 있는 대출이자에 부담을 증대시켜 기업의 가치를 떨어뜨릴 수 있기 때문이다. 따라서 금리가 상승하게 되면 투자자의 입장에서는 공격적인 투자보다는 경기방어 가치주인 통신서비스나 유틸리티 주식에 관심을 가지거나 경기민감 가치주인 금융과 보험과 같은 주식에 관심을 가지는 전략이 유효하다.

이와는 반대로 금리가 하락하는 경우에는 경기방어 성장주인 제약주와 같은 종목에 관심을 가질 필요가 있고, 금리가 하락하는 가운데 경기가 회복추세에 있다면 경기민감 성장주인 IT주식이나 경기소비재에 관심을 기울일 필요가 있다.

한편, 부동산 투자의 경우에도, 대출의 비중을 줄이는 전략을 구사하여야만 예견되는 어려움을 회피할 수 있을 것이며, 채권의 경우는 성급한 환매를 자제하는 것이 유리하다고 할 수 있다.

---

4) 몸을 뺀다는 것은 '증권에서 손을 턴다' 는 개념으로 주식의 비중을 축소하거나 매각하는 개념으로 사용된다.

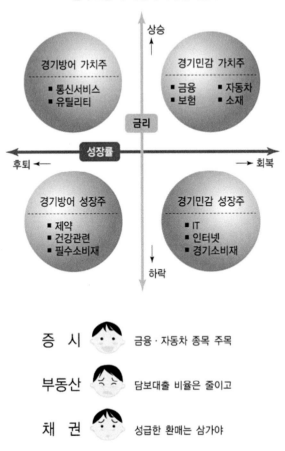

그림 9-3 금리변동과 주식투자

자료 : 중앙일보, 2005년 10월 13일

3) 주식투자의 3계명

주식투자에서 어떻게 하면 성공할 수 있을까? 아마도 이런 질문은 주식투자를 경험했던 사람이라면 누구나 한 번쯤 고민해 보았던 화두일 것이다. 그렇다면 주식투자에서 실패를 줄이고 성공할 수 있는 가장 기본적인 덕목은 무엇일까?

주가는 항상 변동성을 가진다. 따라서 이러한 변동성에 대해 대처하기 위해서 투자자들은 다음과 같은 몇 가지 기본사항을 숙지할 필요가 있다. 우선은 투자 기간에 대한 자유를 얻는 방법으로 여윳돈으로 투자하여야 한다. 앞으로 한 달, 아니 보름 후에 꼭 필요한 자금을 주식투자를 하는 경우, 예상과 달리 주가가 하락하게 되면 어쩔 수 없이 손실을 감수하고 매도를 해야만 하는 상황에 처할 수도 있기 때문이다. 또 다른 투자원칙은 분산투자에 대한 강조이다. 그리고 마지막으로는 자신만의 투자원칙을 가지고 투자에 임하여야 한다는 점이다. 이들을 정리해 보면 아래와 같다.

- 여윳돈으로
- 분산투자
- 나만의 투자원칙 공식화

4) 펀드투자

주식투자가 직접투자라면 펀드(fund)는 간접투자의 방식이다. 펀드는 개인으로부터 투자자금을 모아 주식에 대한 전문성을 가진 펀드매니저(fund manager)가 개인들을 대신해서 투자를 대행하고 투자로부터 얻은 수익에서 비용을 제외한 금액을 투자자들에게 돌려주는 방식의 간접투자방식이다.

투자자의 입장에서는 전문성의 부족한 면을 펀드매니저를 통하여 보완할 수 있고, 또한 적은 투자자금으로 분산투자를 하기 어려운 한계를 극복할 수 있는 장점이 있다. 한편 증권시장의 관점에서 펀드는 소규모의 투자자금이 모여 대규모의 투자자금을 형성하게 되어 경영의 감시자 역할을 수행한다는 긍정적인 측면도 있다. 즉, 펀드가 투자가 회사의 경영진이 최선을 다하지 못하다고 판단을 할 때에는 펀드매니저는 회사의 경영진에게 최선을 다하는 경영을 할 수 있도록 압력을 행사할 수도 있기 때문이다.

펀드의 유형은 매우 다양하다. 하지만 위험의 관점에서는 크게 공격적인 펀드와 보수적인 펀드로 구별된다. 공격적인 펀드일수록 수익의 편입비율이 채권의 편입비율보다 높게 포트폴리오가 구성되어 있고, 반대로 보수적인 펀드일수록 주식보다는 채권의 비율이 높게 구성되어 있다. 따라서 투자자들은 자신의 투자성향에 알맞은 펀드를 찾아 포트폴리오를 구성하는 것이 올바른 투자전략이라고 할 수 있다.

펀드의 종류는 매우 다양하다. 금융투자협회의 홈페이지나 펀드관련 상품소개 안내책자나 홈페이지를 통해 알 수 있듯, 너무나 많은 펀드가 시중에 나와 있다. 우리들이 생각할 수 있는 영역만큼이나 펀드의 종류도 다양하다. 몇 가지 예를 들어 보면, 선박펀드, 와인펀드, 펀드 오브 펀드(fund of funds) 등이 있다. 이들을 요약해 보면 다음과 같다.

- 펀드개념
- 펀드의 긍정적 효과
  - 투자자보호 : 분산투자
  - 시장감시자 : 주주를 위한 경영자
- 펀드의 유형
  보수적(conservative) ↔ 공격적(aggressive)
- 펀드의 종류
  주식, 채권, 실물펀드, 펀드 오브 펀드

③ 부동산 재테크

부동산 재테크는 오랫동안 재테크의 핵심을 이루어 왔던 영역이다. 산업화의 과정을 겪으면서 부동산은 부(富)를 형성하는 주요한 수단으로 자리매김하여 왔다. 산업화가 진행될수록 산업화를 위한 토지의 수요는 증대되어 왔고, 또한 우리나라의 경제성장이 뒷받침됨에 따라 1960년대 이후 2000년대까지 우리나라의 지가 상승률은 엄청난 상승률을 기록하게 되었다. 특히, 80년대와 90년대에는 인구증가에 힘입어 토지뿐만 아니라 아파트에 대한 수요가 폭발적으로 증가하여 서민들의 아파트가 투자의 주요한 수단으로 자리매김한 적도 있었다.

이러한 역사적인 배경을 가지고 부동산 재테크에 대해 살펴보고자 한다. 살펴보는 순서는 ① 아파트, ② 상가건물, ③ 토지의 순서로 진행하고자 한다.

1) 아파트

아파트는 주거시설이다. 하지만 서민들에게 아파트는 본인이 소지한 가장 큰 자산이기도 하다. 앞에서 언급된 바와 같이 1980년대 이후 아파트는 주거시설이라는 본연의 부동산 성격을 넘어 주거와 재테크의 수단으로, 그리고 좀 더 심할 경우엔 주거보단 재테크라는 투자의 대상으로 여겨진 경우도 있다고 할 것이다.

아파트의 경우에, 지역에 따라 차별화가 진행되면서 웃지 못할 에피소드도 생겨나게 되었다. 직장 따라서 강남에 집을 구한 A씨와 직장이 서울 외곽 변두리에 있어서 직장 근처에 집을 구한 B씨가 비록 같은 가격을 투자하여 아파트를 소유했지만 2000년대를 넘으면서 아파트가격의 차별화가 진행되면서 가격 차이가 무려 4배 가까이 차이가 나는 현상이 벌어지기도 하였다. 바로 소위 이야기하는 '강남불패'의 이야기가 생겨나게 된 것이다. 강남의 아파트 가격은 강남불패의 신화를 넘어서 이제는 여타의 지역과 가격의 차이가 너무 벌어져서 진입하는 것 자체가 쉽지 않을 정도까지 되어 버려 '강남'이란 용어가 '한강의 이남'이란 개념을 넘어 이제는 사는 곳이 강남이란 말은 곧 부자를 지칭하는 용어로 받아들여지고 있다.

그렇다면 아파트 가격은 어떤 요인에 의해 지배를 받는 것일까? 아파트 가격은 여러 가지의 요인에 의하여 좌우되어 왔다. 지하철을 중심으로 한 편의성, 자녀들의 교육을 위한 학군, 그리고 조망권 등 여러 가지의 요인이 가격에 반영되어 왔다고 할 수 있다. 이와 같이 아파트 가격에 영향을 미치는 요인들을 한번 살펴보기로 하자.

(1) 아파트에 관한 이야기

■ 미인의 법칙

아파트 가격은 미인콘테스트다. 즉, '자신이 미인이라고 생각하는 미인' 보다는 '남들이 미인이라고 생각하는 미인'을 선택하라(경제학자 케인즈).

■ 확산의 법칙

주식시장과 같다. 블루칩 주식(blue chip)이 먼저 오르고 옐로칩 주식이 오르고, 강남이 오르고, 신도시(분당, 평촌, 일산, 중동)가 오르고, 목동, 여의도가 오른다.

- ■ 수급이 모든 것에 우선한다(예 : 재건축시장 등).
- ■ 대표 아파트를 잡아라(예 : 압구정동 현대아파트 같은 지역의 랜드마크 (land mark)를 잡아라).
- ■ 환경과 전망에 관심을 가져라(예 : 강, 산, 바다 등).
- ■ 더 큰 부자가 살기 원하는 곳, 즉 부자와 상대하라.

2) 상가건물

상가투자는 많은 샐러리맨들이 꿈꾸는 투자대상이다. 특히, IMF 경제체제와 2008년 불어 닥친 글로벌 금융위기를 경험은 40~50대의 샐러리맨들은 정년까지 직장생활을 할 수 없을 수도 있다는 불안감에 노후의 대책으로 상가투자에 대해 많은 관심을 갖게 되었다.

그러나 상가투자는 많은 사람들이 희망하는 것처럼 호락호락하지는 않은 것이 사실이다. 우선 투자의 단위가 적지 않고, 또한 투자를 한다고 해도 여러 가지의 요인으로 인하여 실패를 하는 경우도 주변에서 쉽게 찾아볼 수 있다. 꿈에 부풀어 철저한 준비절차를 거치지 않고 계약을 하여 투자를 하고 나서 계산상으로 생각하는 투자수익률이 나오지 않아 낭패를 보는 경우가 너무도 많기 때문이다. 특히, 최근에 일어나고 있는 경제의 저성장으로 인하여 임차인이 임대료를 제대로 내지 못하여 대출금을 통하여 상가투자를 하고 나서 대출금에

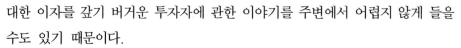

대한 이자를 갚기 버거운 투자자에 관한 이야기를 주변에서 어렵지 않게 들을 수도 있기 때문이다.

그렇다면 어떻게 하면 성공적인 상가투자를 할 수 있을 것인가? 이러한 주제에 대해 상가투자에 관한 개략적인 내용을 살펴보기로 하자. 따라서 우리나라 대형 빌딩은 어느 정도이고, 성공적인 투자를 위하여 어떠한 성립조건이 요구되며, 상가투자를 관리하는 어려움을 회피하면서 투자하는 방법에는 어떤 것들이 있는가의 순서로 내용을 살펴보고자 한다.

- **A급 빌딩현황**(약 20층 이상, 연면적 1만 평 이상, 약 700억~1,200억 원)
  - 서울에 소재한 대형빌딩 143개

    재단, 본사건물 약 70개(50%)

    외국인 소유 24개(16.8%, 재단본사 제외하면 약 40%)
  - 서울대형 빌딩 수익률은 아시아에서 최고 : 7% 이상
  - IMF 초기 투기자본 매우 높은 수익률 기록

    예 스타타워(론스타 → 싱가포르 투자청) 47%(3년 6개월)
  - 변화 : 투기자본(IMF 당시의 론스타, 모건스탠리)시대
    - 장기투자를 원하는 외국자본(싱가포르 투자청, 도이치뱅크, 맥쿼리)
    - 토종펀드, 기관투자자

- **성립조건**
  - 투자조건(임대료＞은행금리)
  - 기타 긍정적 고려변수 : 건물가치 상승
  - 기타 부정적 고려변수 : 관리비용, 감가상각, 공실률, 세금

- **우회전략** : 리츠(REITS)투자

  디젤이 아닌 휘발유형 SUV 자동차 : 관리에 신경을 끊어도 된다.

3) 토지[5]

아파트투자, 상가투자 그리고 마지막에 거론되는 토지투자 중에서 가장 어려운 것을 꼽으라면 아마도 토지투자일 것이다. 토지는 아파트와 상가와 비교하여 볼 때 비정형화되어 있다는 특징을 가진다. 즉, 아파트는 지역과 크기, 그리고 아파트를 건설한 브랜드 등으로 정형화되어 있다. 그리고 우리들은 예를 들어 105m²(혹은 32평)의 크기의 아파트라고 하면 머릿속으로 대충 그 크기와 모양세가 그려지게 되어 있다. 상가의 투자도 상가의 크기를 지목하면 아파트와 같이 투자대상에 대하여 대략 상상이 되게 되어 있다. 바로 정형성이 있기 때문이다.

토지투자의 경우는 위에서 살펴본 아파트와 상가투자와는 완전히 달라진다. 바로 비정형성이 존재하기 때문이다. 비록 투자대상의 크기는 대략 상상해 볼 수 있지만 부동산이 가지는 부동성 때문에 토지는 열 개의 토지라면 열 개 모두 서로 다른 성격과 투자의 가치를 갖는다고 하겠다. 부연하자면, 토지의 높낮이, 방향, 경사도, 토지의 모양, 접근가능도로 등 그야말로 점검해야 할 사항이 너무 많다고 할 수 있다.

이러한 관점에서 토지와 관련된 투자에 관한 이야기를 살펴보고자 한다. 본 주제에서는 토지투자를 통하여 많은 부를 형성한 투자자들을 살펴보고 토지매매를 하는 데 있어서 조심해야 할 내용들을 요점 정리하는 형식으로 살펴본다.

(1) 땅에서 황금을 캐는 기막힌 투자자들

■ 땅은 거짓말을 하지 않는다

> 예 강남에 사는 200억대 땅부자 C씨는 강남개발이 되기 전 땅을 사모아 거부가 되었다.

---

5) 조성근(2004), 한국형 땅 부자들, 한국경제신문
　엄한철(2004), 부자들의 땅따먹기 놀이, 부연사
　차학봉(2004), 부자들만 아는 부동산 시장의 법칙, 조선일보사

- **땅투자는 단거리 경주가 아니라 마라톤이다**

  예 땅부자 B씨는 30년간 줄기차게 땅을 사 모은 사람이다. 사놓았던 영종도가 국제공항으로 변모하는 등 소작농의 자식으로 맺힌 한이 B씨를 땅부자로 변모시켰다.

- **길따라 돈을 묻어라**

  땅값에 영향을 주는 교통망으로는 지방도로, 국도, 고속도로, 순환도로, 전철, 경전철, 고속철도 등이다. 투자 포인트는 역사, 인터체인지, 역 등이 생기는 주변이다.

  예 투자자 K씨는 서해안 고속도로가 생긴다는 기사를 보고 당진에 투자를 하여 상당한 수익을 얻었다.

- **땅 위에 무엇이 있나 살펴라**

  예 자기돈 한 푼 없이 11억 4,000만 원을 벌어들인 K씨는 경매를 통해 임야를 낙찰받고, 자연석을 팔아 경매자금을 조달하였다. 땅은 평당 15만 원의 전원주택부지로 변모하였다.

- **땅의 기운을 느껴 보라**

  진입로 확보 여부, 법률적 개발 제한사항 검토, 축사, 혐오시설, 고압선 등을 피해야 한다.

  예 투자자 몰라씨는 기획부동산의 말만 믿고 전원주택지를 구입했는데, 맹지라서 건축은커녕 손해만 보고 있다.

(2) 토지매매

토지구입을 위한 준비자료로는 지도, 나침반, 사진기 등이 있다.

토지매매 시 사서는 안 되는 땅이 있는데, ① 땅문서는 있는데 땅은 물속에 잠긴 땅(하선으로 변해 버린 땅은 복구가 불가능), ② 이민 간 사람의 땅(대리인이라는 사람과 땅 매매 위임장을 보고 계약하면 안 됨), ③ 전방(DMZ) 안에 있는 땅(땅문서를 주민들끼리 보증서서 만든 땅), ④ 등기부등본을 보면 '갑구[6]' 란에 소유자가 단기난 내에 여러 번 바뀐 땅, ⑤ 공유 땅을 한 사람의 지분만 사는 것, ⑥ 남의 집 담장 안에 있는 땅, ⑦ 공공시설지구 내 땅(공원, 도로, 접도시설부지, 하천, 상수원보호구역 등) 등이 있다.

또한 조상이 물려 준 땅은 팔아서는 안 되는데, 혹 팔게 될 경우에는 땅 판돈의 반을 다시 땅에 재투자하고, 나머지 반은 형제가 나눠가져야 한다.

그리고 땅에 재투자해야 할 때는 판 땅의 배를 사야 하며, 재투자하여 사 놓은 땅은 후손에 물려줘야 한다.

 심화학습

예금과 주식투자수익률 비교

미국에서 뮤추얼펀드를 소개하는 안내책자에 조그만 글씨로 하단부분에 항상 새겨놓은 문구가 기억이 난다. 번역하면 '과거의 수익률이 미래의 수익률을 담보하지는 않습니다' 라는 글귀이다. 과거의 높은 수익률로 인하여 투자자와 발생될 수 있는 오해의 소지를 없애 발생 가능한 분쟁을 미리 방지하기 위한 조치라고 여겨진다.

예금과 주식에 투자한 과거의 수익률은 각각 어떻게 나타났을까? 미국의 이보스톤 (Ibbostone)은 미국의 자료를 대상으로 하여 예금과 주식의 투자수익률에 대해 조사를 하고 비교해 보았다. 30년 이상의 장기간의 자료를 이용하여 비교하여 본 결과 예금에 투자한 것보다 주식에 투자한 것이 2배 이상[7]의 높은 수익을 안겨주었다는 결과를 발표했다.

물론 조사기간을 어떻게 설정하는가에 따라 차이가 있는 결과를 도출할 수도 있겠지만, 이보스톤의 연구가 장기간에 걸친 비교하는 점에서, 그의 조사 결과가 보여 준 내용은 주식투자가 예금보단 높은 수익률 기록했다는 사실이다. 투자자들은 안정성만 추구하는 예금보다는 만약 투자할 수 있는 기간이 길어도 된다면 수익성 측면을 고려하여 주식투자를 하는 것이 높은 수익을 안겨주는 투자의 대안이 될 수 있음을 보여 주었다.

같은 결과를 도출한 예를 하나 더 추가해 보고자 한다. 다른 연구는 우리나라의 자료를 활용하여 얻은 결과물이다.

---

6) 등기부 등본은 갑구와 을구로 나뉘어져 있다. 여기서 갑구란 소유권에 관한 사항이 기재되어 있다.
7) 예금이율이 5%, 그리고 주식투자 수익률이 12%선이었다.

6년간(1994~2000년 6월)의 자료를 활용하여 조사해 결과 주가지수의 수익률이 안전성이 높은 채권수익률보다 훨씬 높다는 결과였다. 우리나라의 경우, 종합주가지수의 월간 수익률은 0.55%를 기록한 반면, 동일한 기간 동안 회사채의 월간 수익률이 0.16%에 이르러 종합주가지수가 약 3배 이상의 수익률을 기록하였다.

주식과 아파트투자수익률 비교

　우리나라에서 주식과 아파트에 각각 투자를 했을 때, 수익률 결과는 어떻게 나타났을까? 아파트 가격은 '서민들의 내 집 마련'이란 측면에서 가장들과 기혼부부에게 지속적으로 관심의 대상이 되어 왔던 터이기에 주식과 아파트의 투자수익률 비교는 우리에게 알고픈 궁금증을 더 자아내게 한다.

　우리나라 전국의 아파트 값은 과거 10년(2000~2009년) 동안 기간 수익률 110%를 보여 연평균 약 10%를 나타냈다. 아파트의 가격은 지역별로 차이가 있는 것으로 나타났는데, 서울의 경우는 전국의 아파트 값의 상승보다는 약 50% 정도 더 높아 연평균 15%[8] 정도를 나타냈다.

　주식시장은 어떠했을까요? 2000년 1월 940선에서 출발한 종합주가지수는 10년 동안 약 70% 미만의 상승폭을 기록했다. 따라서 우리나라의 경우, 지난 10년간 아파트 상승률이 주가의 상승률보다 높았던 것으로 나타났다.

　그렇다면 개별적인 종목의 주가와 아파트 가격을 비교해 보면 어떨까? 물론 비교대상을 어떻게 잡는가에 따라 차이가 존재할 수 있다. 우선, 재건축아파트란 재료를 가지고 투자에 관심이 있던 분들의 관심을 끌었던 개포 주공1단지의 경우는 이 기간 동안 3.3m²(과거의 '평')당 1,500만 원대에서 6,500만 원대로 상승하여 무려 400%가 넘는 수익률을 나타냈다. 한편 삼성전자의 투자수익률을 보면, 2000년 주가가 27만 9,000원으로 시작하여 동 기간 동안 약 160%의 수익률을 보였다.

　물론, 이런 과거 수익률이 앞으로도 같은 추세로 전개된다는 보장은 없지만 과거의 수익률은 우리에게 투자의 흐름을 읽게 해주는 중요한 자료가 된다고 생각된다.

자료 : 임태순(2010), 핵심재테크, 이담북스

---

8) 부동산 뱅크 조사결과 참조

용어정리

이보스톤(Ibbostone)
미국의 학자로 그는 오랫동안 투자했을 때 주식과 채권의 수익률에 어떻게 다른가? 에 관심을 가지고 자료를 이용하여 이를 조사하였다. 30년 이상의 장기간의 자료를 이용하여 비교하여 본 결과 예금에 투자한 것보다 주식에 투자한 것이 2배 이상의 높은 수익을 안겨주었다는 결과를 발표했다.

참 고 문 헌

김의경(2005). **한국형 금융재테크**. 한국경제신문.

박영호(2001). **왕초보도 쉽게 배우는 기술적 분석**. 진리탐구.

부동산 뱅크 조사결과.

엄한철(2004). **부자들의 땅따먹기 놀이**. 부연사.

임태순(2010). **핵심재테크**. 이담북스.

조성근(2004). **한국형 땅 부자들**. 한국경제신문.

차학봉(2004). **부자들만 아는 부동산 시장의 법칙**. 조선일보사.

중앙일보. 2006년 1월 2일. http://www.joins.com.

연령대별 재테크

연령대별 재테크

학 습 목 표

1. 20대, 맞벌이 부부의 재무계획에 대해 살펴보고, 재테크 전략을 모색해 본다.

2. 30, 40대의 재무계획에 대해 살펴보고, 효율적인 재테크 전략을 모색해 본다.

3. 50, 60대의 재무계획에 대해 살펴보고, 재테크에 대한 전략을 모색해 본다.

1 맞벌이 부부, 20대의 재무계획 및 재테크

생각해 보기

맞벌이 부부 탐구

'맞벌이 부부'와 '외벌이 부부'에 대해서 생각해 봅시다.

맞벌이 부부에 대한 이해도 측정

- check point
  1. 저출산　　　　(Q) 출산과 맞벌이는 별개?
  2. 신용불량　　　(Q) 맞벌이 부부와는 별개?
  3. 대체비용　　　(Q) 풍족한 저축?
  4. 생활만족　　　(Q) 여유 있는 생활로 만족?

　　최근 들어서는 과거와 달리 맞벌이 부부의 모습이 대세가 되었다. 과거와 달리 여성들의 취업이 늘어나고, 아울러 삶의 지출이 늘어나고, 외벌이로 생활의 지출비용을 감당하는 것이 어지간히 소득이 높은 경우를 제외하곤 감당하기 어렵게 된 시대적인 배경에 기인하였다고 볼 수 있다.

하지만 맞벌이의 경우 외벌이에 비하여 상대적인 소득이 높은 경향이 있는 것이 사실이지만, 이러한 높은 소득경향으로 인하여 지출도 상대적으로 증대되는 경향이 많기 때문에 이들 부부들은 결혼 초 재무계획에 있어서 유의할 부분이 존재하는 것이 사실이다. 즉, 맞벌이의 경우, 이러한 맞벌이를 유지하기 위하여 고정비용이 증가하는 현상을 볼 수 있다. 따라서 맞벌이 부부들은 겉으로 드러나는 소득의 증대만 생각하고 지출을 하다 보면 오히려 재무상태가 마이너스가 될 수도 있기 때문에 계획적인 지출에 대해 깊은 관심을 기울여야 한다.

지출의 측면에서 가장 관심을 가져야 할 부분은 아이들의 유치원비용이다. 그 다음이 교통비와 통신비, 용돈 등의 지출이 높은 것으로 조사되었다. 이 부분에서 한 가지 유념해야 할 사실은 맞벌이로 인하여 자녀들에게 미안해서 마음의 보상 차원에서 자녀에게 지출을 늘리는 행동에 대한 유의가 필요하다는 사실이다. 그렇다면 이들 맞벌이 부부에 대한 이해를 살펴보기로 하자.

1) 맞벌이 부부에 대한 이해

맞벌이 부부에 대한 이해를 돕기 위한 내용으로 그림 10-1을 살펴보고자 한다. 그림에서 제시한 바와 같이 맞벌이 부부의 저축률이 생각보다 높지 않은 사실을 발견할 수 있다.

이와 같이 저축률이 일반인들의 생각보다 낮은 것은 지출이 상대적으로 늘어났기 때문인데, 맞벌이로 인한 자녀를 돌보지 못한 데 드는 비용의 증가로 나타났다. 즉, 아이들의 놀이방 비용으로 월 평균 40~50만 원 정도의 지출이 수반된 것으로 조사되었다. 그 외에도 보모 고용비로 월 120만 원 정도 지출되는 사례도 있었다.

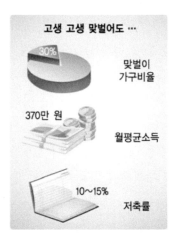

그림 10-1 맞벌이 부부 분석

맞벌이 부부에 대한 세부적인 실태를 살펴보면 아래와 같다.

① 맞벌이 부부의 동기가 변화하는 과도기
- ‘선택’에서 ‘필수’가 되는 시대
- 주거비와 사교육비의 증가로 과거 여유로운 생활 동경으로부터 이젠 ‘생계형’이 주류

② 신용불량 25%가 맞벌이
- 어느 한쪽이 실직하면 ‘파산위기’ 몰릴 가능성이 높다.
- 한번 맞벌이는 ‘영원한 맞벌이’, 맞벌이 함정에 빠질 수도 있다.

③ 비싼 ‘대체비용’
다음에 제시되는 세 가지 비용이 주부가 버는 돈 전체가 된다.

- 아이들 놀이방(40~50만 원)
- 보모 고용비(월 120만 원)
- 높은 외식비율(전체 수입의 10%)

④ 저출산
  - 20, 30대는 '자기성취형' 맞벌이 → 저출산
  - 국가적 관점에서 미래에 대한 생산력 저하

2) 맞벌이 재테크 10계명

위에서 살펴본 바와 같이 맞벌이 부부들은 외벌이 부부들에 비하여 상대적으로 높은 소득을 가지는 것이 사실이지만 이에 비례하여 지출도 증가하는 것이 현실이다. 따라서 이들 맞벌이 부부들이 성공적인 재테크를 실현하기 위해서는 어떻게 해야 좋을까? 새로운 삶을 시작하는 신혼부부들이 성공적인 재테크를 위한 전문가들의 제안을 소개하고자 한다. 다음의 Note 10-1에서는 맞벌이 부부들이 유념해야 할 재테크 10계명을 소개하고 있다.

Note 10-1

맞벌이 부부 10계명

- 인생설계표를 부부가 함께 작성하기
- 지출 줄이기, 저축 늘리기
- 사교육비 절감하기
- 아파트 평수 늘리기 자제하기
- 한 명의 소득은 저축하기
- 승용차 1대만 운행하기
- 외식 줄이기(월 1~2회 이내로)
- 돈 안 드는 등산으로 건강관리하기
- 투자 상품에 관심 갖기(예 : 펀드)
- 은행예금은 금리 높은 곳에 하기

자료 : 조선일보, 2006년 5월 2일자 기사내용을 저자가 재구성함

앞에서 제시된 맞벌이의 10계명은 큰 틀에서 '지출을 줄이고 저축을 늘리는 계명'이라고 볼 수 있다. 기본적인 사항으로는 소득과 함께 늘어나기 쉬운 지출을 가능하면 억제하자는 내용으로 구성되어 있다. 이들을 다시 살펴보면 아래와 같다.

① '인생설계표'를 짜보라
- 예상되는 흑자생활기는 15년(30대 초반~40대 중반)
- 지출(은퇴자금, 자녀교육비 등)을 고려하여 지금부터 저축해야 할 금액 설정

② 무리한 아파트 평수 늘리기를 자제하자
- 현금흐름관리에 만전
- 평수 늘리기에 따른 재산세, 대출이자 증가

③ 불요불급한 생활비를 대폭 삭감
- 서로 다른 직장으로 인한 자동차 두 대 운영을 한 대로 줄이기
- 높은 외식비 지출 줄이기

3) 20대의 재무계획

큰 틀에서 20대부터 서둘러서 준비해야 할 일은 바로 재무계획을 수립하는 일이라고 생각된다. 항해를 준비함에 앞서 나침반을 가지고 출항을 하면 도움이 되듯이 재무와 관련하여 재무계획을 먼저 수립하고 일을 진행하면 20대에서 소홀하기 쉬운 일을 잘 준비할 수 있을 것이다. 따라서 20대의 재무계획을 살펴보면 크게 여섯 가지로 요약이 가능하다. 이들을 살펴보면 아래와 같다.

- 월급의 50~60%는 반드시 저축하라.
  (이자 및 배당에 세금이 없는 제도)
- 먼저 저축 후 소비하는 습관을 몸에 익혀라(금기사항 : 폼生폼死).
- 주택관련 금융상품엔 꼭 가입하라.
- 세금우대, 비과세 금융상품을 활용하라.

- 대출이 있다면 최대한 빨리 상환하라.
- 씨앗(seed) 만들기 → 종자돈(seed money)

② 30, 40대의 재무계획 및 재테크

생각해 보기

왕도가 따로 없는 **재테크 전략**
- 목표를 분명히 세워라(예 : 내집마련, 자녀 학자금, 노후생활설계 등).
- 부채를 없애라(예 : 대출로 투자하는 우를 범하지 마라).
- 환금성을 항상 열어 둬라(예 : 수익성과 환금성의 적절한 균형).
- '고수익 고위험'은 항상 뇌리에 담아라.
- 금융정보 및 금융 IQ 높이기(예 : 인터넷 손품팔기, 경제신문 읽기)

삶의 라이프사이클 중에서 30대와 40대는 매우 중요한 시기이다. 자녀들이 성장하는 시기이고, 자신들이 직장에서 능력을 발휘하는 시기이다. 사회적으로는 가장 왕성하고 활기찬 생활을 하는 시기라고 할 수 있다. 또한 사회적인 지위가 향상됨에 따라 소득도 증가하는 시기라고 할 수 있다.

따라서 이 시기에는 지금의 시기에만 초점을 두지 말고, 자신의 인생 전반에 대한 이해를 통하여 노후에 대한 준비, 가족을 위한 보험가입, 그리고 보금자리 마련과 보금자리의 크기 늘리기 등 여러 가지 준비해야 할 내용도 동시에 증가하는 시기이다. 이들 세대에 대한 기본목표와 전략을 살펴보면 아래와 같다.

1) 30, 40대 기본목표와 전략

30대와 40대를 위한 재무설계의 기본목표는 종자돈(seed money)을 늘리는 문제와 아울러 40대에는 노후를 대비하고, 자녀들의 결혼을 준비하는 자금마련에 초점이 맞추어져 있다.

표 10-1 30, 40대 목표와 전략

구 분	목표와 추천펀드	전 략
30대	• 목표 : 종자돈을 늘린다. • 추천펀드 : 자녀명의 펀드가입	• 자녀명의 펀드가입 • 장기적 투자를 위한 주식형펀드
40대	• 목표 : 노후대비, 자녀결혼 준비 • 추천펀드 : 고배당, 혹은 우량주펀드	• 노후자금마련 • 고배당펀드, 혹은 우량주펀드에 관심

자료 : 동아일보, 2005년 9월 14일자 기사내용을 저자가 재구성함

사회적으로 왕성한 활동으로 증가하는 소득을 지출로 연결하지 않고 미래의 소비를 위하여 자금을 늘리는 미래 준비를 위한 작업을 하여야 하는 시기이다. 이들에 대한 재무목표와 전략은 표 10-1에서 제시한 바와 같다.

2) 40대 샐러리맨의 재테크 전략

40대의 재테크 전략은 본인의 성향에 따라 아주 다르게 설계되어 나타날 수도 있다. 하지만 재테크의 핵심은 자녀교육과 자신의 노후 준비를 위한 밸런스를 유지하는 것이 매우 중요하다. 그리고 두려움에 너무 사로잡히지 말고, 차근차근 준비를 하면서 자신에 대한 투자도 함께 해야 한다는 점을 알아둘 필요가 있다. 40대의 샐러리맨의 재테크 전략을 요약해 보면 다음과 같다.

① 두려움에서 탈피하여 문제점 파악 및 철저한 준비
- 현재 나의 재무상황 점검
- 노후를 위해 필요한 자금의 상황파악
- 부족분 마련에 대한 전략 준비

② 자녀교육과 노후 준비의 밸런스 유지
노후에 자녀에게 짐이 되지 않는 준비

③ 금융상품의 세금혜택 이용하기
국가에서 공인된 이자 챙기기(예 : 비과세, 소득공제, 세금우대)

④ 보험가입점검
- 자신을 위한 연금보험
- 가족을 위한 종신보험

⑤ 투자성향 및 목적에 맞게 투자하기
- 과욕은 금물
- 나이에 따른 칵테일기법 익히기
- 과속과 안전운행의 밸런스 전략 세우기

⑥ 나 자신에 대한 투자
- 취미생활, 꼭 해보고 싶은 일, 여행 등 계획하기
- 마음에 여유와 평화를 갖기

3 50, 60대의 재무계획 및 재테크

50, 60대는 직장에서 나와서 은퇴를 하거나 준비하는 시기라고 할 수 있다. 젊은 시절 동안 은퇴 준비를 미리 잘 하여 준비가 완료된 사람이라면 큰 걱정이 없겠지만 그러하지 못한 경우에는 늦었다고 생각할 때가 빠르다는 말처럼 남아 있는 시간 동안 빨리 준비를 서둘러야 하는 시기이다.

물론 이 시기에는 재무계획과 재테크에만 집중하지 말고, 인간관계나 건강관리 등도 함께 고려하여 행복한 노후를 준비하는 시기라고 할 수 있다. 따라서 이들 세대의 재무계획과 재테크를 알아보기에 앞서 노후 준비에 대한 설문결과를 통하여 노후 준비가 실제로 얼마만큼 진행되고 있고, 이러한 조사는 다른 나라의 같은 세대들과 어떠한 차이점을 가지는가를 살펴볼 필요가 있다. 또한 우리나라 노인들의 노후 준비는 어떻게 진행되고 있는가를 살펴보고자 한다.

1) 노후 준비에 대한 조사결과

아래의 자료는 중앙일보가 설문조사한 결과표이다. 설문조사결과를 살펴보면, 우리나라와 미국, 일본, 싱가포르 사람들의 노후 준비 과정과 자산의 상태를 비교하여 볼 수 있는 좋은 자료이다.

노후 준비를 하고 있나 (단위 : %)

국가	예	아니오
한국	60.6	39.4
미국	81.0	19.0
일본	55.0	45.0
싱가포르	95.1	4.9

중앙일보 · HSBC
공동 설문, 한국 1000명,
미국 · 일본 각 300명,
싱가포르 327명,
전화조사,
9월 12~28일, 17일간

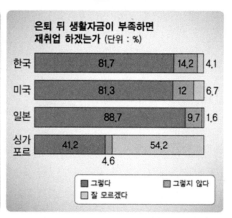

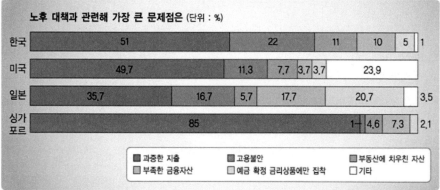

그림 10-2 노후 준비 설문결과

자료 : 중앙일보, 2005년 10월 5일

그림 10-2에서 살펴볼 수 있는 바와 같이 우리나라 사람들의 노후 준비가 미비하다는 점이 부각된다. 미국과 싱가포르에 비하여 우리나라 사람들이 노후 준비가 잘 준비되지 않는 것으로 나타났고, 또 다른 사실은 우리나라의 경우 자산에서 차지하는 부동산의 비중이 매우 높은 것으로 조사되었다. 이는 부동산은 유동화시키는 데 어려움이 있을 수도 있다는 사실을 감안하면, 노후에 자금을 현금화하지 못하여 노후 준비에 문제가 생길 수 있다는 사실도 감안해야 한다는 점에 유의할 필요성이 있다.

한편, 설문조사결과[1] 우리나라 사람들의 노후자금은 주로 은행예금에 의존하는 것으로 조사되었다. 그 다음이 부동산과 연금, 그리고 보험 순으로 나타났다. 여기서 문제는 저금리 상태가 지속되면 은행예금에 의존하여 이자에 의존한 생활을 하는 노후 준비가 위협을 받을 수도 있다는 점을 주목해야 한다.

표 10-2는 우리나라 노인들이 노후자금을 어떻게 관리하고 있는가를 보여주고 있다.

표 10-2 한국인 노후 준비 설문결과

노후 준비 자금	비율(%)
은행 예금	36.1
부동산	24.6
연금	16.8
보험	15.8
직접투자	6.5
현업에 투자	0.2

자료 : 중앙일보, 2005년 10월 5일 기사내용을 저자가 재구성함

---

1) HSBC 뱅크가 1,000명을 상대로 한 설문조사결과임

표 10-3 50, 60대 목표와 전략

구분	목표와 추천펀드	전략
50대	• 목표 : 노후대비 • 추천펀드 : 위험을 낮춘 펀드	• 실패하지 않은 투자 • 밸런스(노후 준비와 자녀지출)
60대	• 목표 : 안정적인 노후생활유지 • 추천펀드 : 이자를 정기로 수령 가능하게	• 고수익 욕심 금물 • 고금리 상품

자료 : 동아일보, 2005년 9월 14일자 기사내용을 저자가 재구성함

2) 50, 60대의 목표와 전략

표 10-3은 50대와 60대의 재무설계 목표와 전략을 정리한 것으로, 이를 통하여 이들의 목표와 전략을 살펴보도록 하자.

표에서 이미 살펴본 바와 같이 이 시기에 있어서 주의할 점은 실패하지 않는 투자를 해야 한다는 사실에 유의할 필요가 있다. 또한 수익에 대한 욕심을 내는 것보다는 위험에 대한 관리에 집중해야 한다.

Note 10-2

50, 60대 재테크 투자 10계명

• 꼭 필요한 생활자금은 안전하게 보관하기
• 자금계획 세우기
• 투자에 앞서 투자기간 설정하기
• 장기투자는 주식의 직접·간접투자하기
• 시장의 장기적인 움직임에 주시하기
• 나이가 들수록 투자보단 지키는 전략하기
• 수익에 앞서 리스크 관리하기
• 투자관련 정보에 귀 기울이기
• 분산투자하기
• 정기적으로 포트폴리오 재조정하기

자료 : 조선일보, 2006년 5월 2일자 기사내용을 저자가 재구성함

이 시기에 투자에 실패를 하면 정말로 힘든 노년을 맞이할 수도 있기 때문이다. 따라서 노년기가 진행됨에 따라 투자의 노출을 가능하면 줄이는 전략이 유효하다.

그렇다면 50대와 60대를 위한 재테크 투자 전략은 어떠한 것들이 있을까? 전문가들이 제시하는 투자 전략을 살펴보고자 한다. Note 10-2는 이들 세대들이 마음에 담아 두어야 할 투자 계명이라고 생각된다.

나이에 따른 투자전략

세상의 모든 원리가 그러하듯이 투자도 당연히 주어진 환경에 따라 다른 투자전략이 요망된다. 환경이란 투자여건, 투자자의 상황 등 여러 가지 변수가 있겠지만 가장 먼저 고려해야 할 내용이 바로 투자자의 연령이다. 똑같은 투자여건이라 할지라도 투자자의 나이에 따라 투자기간이 다르기 때문에 재테크의 전략도 달라져야 한다는 사실이다. 왜냐하면 나이에 따라 투자할 수 있는 투자기간이 달라지고, 투자기간이 길고 짧음에 따라 위험에 대처할 수 있는 시간도 다르기 때문이다.

그렇다면 20~30대의 젊은 시대와 40~50대의 중년층, 그리고 노년층에 따라 바람직한 투자전략은 무엇일까? 나이가 젊을수록, 즉 투자기간이 길수록 주식이나 펀드와 같은 공격적인 투자에 대한 비중을 높이는 전략이다. 반대로 나이가 많을수록 예금이나 적금과 같이 위험이 낮은 상품에 대한 비중을 높이는 전략이다.

연령별 투자자산의 비중을 결정하는 방법으로 '100-나이의 법칙'을 사용하게 된다. 이는 100에서 자신의 나이를 뺀 %만큼 공격적인 투자자산에 투자하는 방식이다. 만약 투자자가 20살이라면 80%를 공격적인 투자 상품에 투자하고 나머지인 20%를 안전자산에 투자하는 법이다. 만약 투자자가 50살이라면 50%는 투자 상품에 50%는 안전자산에 투자하라고 권하는 방식이다. 물론 이 방법이 모든 해결책이 되지는 못한다. 이런 원칙하에서 투자자 자신에 맞는 투자성향을 반영하여 투자전략을 수립하는 것이 필요하다.

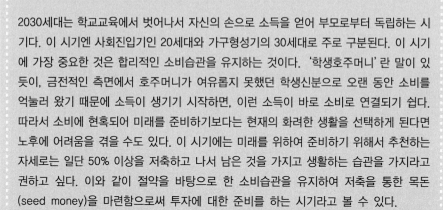

2030세대의 재무설계

2030세대는 학교교육에서 벗어나서 자신의 손으로 소득을 얻어 부모로부터 독립하는 시기다. 이 시기엔 사회진입기인 20세대와 가구형성기의 30세대로 주로 구분된다. 이 시기에 가장 중요한 것은 합리적인 소비습관을 유지하는 것이다. '학생호주머니'란 말이 있듯이, 금전적인 측면에서 호주머니가 여유롭지 못했던 학생신분으로 오랜 동안 소비를 억눌러 왔기 때문에 소득이 생기기 시작하면, 이런 소득이 바로 소비로 연결되기 쉽다. 따라서 소비에 현혹되어 미래를 준비하기보다는 현재의 화려한 생활을 선택하게 된다면 노후에 어려움을 겪을 수도 있다. 이 시기에는 미래를 위하여 준비하기 위해서 추천하는 자세로는 일단 50% 이상을 저축하고 나서 남은 것을 가지고 생활하는 습관을 가지라고 권하고 싶다. 이와 같이 절약을 바탕으로 한 소비습관을 유지하여 저축을 통한 목돈(seed money)을 마련함으로써 투자에 대한 준비를 하는 시기라고 볼 수 있다.

투자형 상품으로는 주식이나 채권, 그리고 펀드 등을 통하여 재산을 증식하는 것이 바람직하며 예기치 않은 질병과 사고를 대비할 수 있는 보험상품에도 관심을 가져야 한다. 또한 이 시기에 준비해야 할 것은 노후 대비를 위한 장기적인 재무계획을 수립하는 것과 아울러 자산관리에 대한 관심을 기울여 기초지식을 습득하는 것도 중요하다.

4050세대의 재무설계

중년기인 4050세대는 자녀성장기와 은퇴기로 구분되는 시기다. 이 시기의 중요한 특징인 자녀교육비가 증가하게 된다는 점과 아울러 50대에는 자신의 은퇴와 관련된 사항을 미리 준비하여야 한다. 40대에는 지출보다는 수입이 많은 시기이나, 50세 이후엔 수입과 지출이 역전되는 특징을 갖게 되므로 50세 이후엔 특히, 노후 준비에 많은 비중을 두어야 하는 특징이 있다.

이 시기에 주의해야 할 사항은 조급한 마음으로 위험을 무시하고 수익성만 고려한 투자를 하는 우를 범하지 말고 안정성과 수익성의 균형을 갖고 계획성 있게 투자에 임해야 실패를 줄일 수 있다는 점이다. 혹시라도 투자할 여유가 있다면 부동산 투자를 통하여 노후를 대비하는 것도 하나의 전략이 될 수도 있다. 부동산 투자에서는 높은 수익률을 기대하고 토지에 거금을 투자하기보다는 매월 일정액의 임대료를 받을 수 있는 소규모의 상가가 오피스텔 등을 고려해 볼 수 있다. 또한 연금보험 등과 같은 보험상품에도 관심을 가져 행복한 노후를 준비하는 것도 하나의 방법이다.

6070세대의 재무설계

6070세대를 노년기라고 한다. 즉, 60대 이후의 은퇴생활기라고 할 수 있다. 그동안 삶을 영위하면서 얻지 못한 시간적인 여유와 미리 준비된 노후 준비를 바탕으로 경제적인 여유를 구가하는 시기이다. 경제적인 측면에서 볼 때, 이 시기에는 노후생활비와 의료비와 같은 지출이 증대됨에 따라 지출이 수입보다 많이 나타나는 시기이다. 따라서 이 시기에는 조급한 마음으로 투자수익률에만 초점을 두어 투자수익률을 극대화하는 방향으로 과욕을 부리다간 오히려 화를 당할 수도 있다.

따라서 과욕보단 현재 소유하고 있는 자산을 지키는 전략이 필요하다. 또한 자신이 소유한 자산의 크기에만 만족하지 말고 소유 자산을 적절하게 현금화하여 열심히 살아온 자신의 삶에 대해 보상받는 기분으로 활용할 수 있게 하는 것이 필요하다.

소유한 자산이 많을 경우엔 이 시기에 증여하고 상속을 준비하는 시기라고 볼 수 있다. 이때 자손에 대한 증여와 상속의 차원의 범위를 벗어나서 소외된 이웃에 대한 배려와 나의 삶과 궤적을 같이한 사회에 대한 봉사까지를 생각할 수 있다면 재무설계가 충분하게 준비되지 않았나? 하고 생각한다.

 용어정리

재무설계

재무설계는 이미 설정된 개인의 재무목표, 즉 예를 들면 결혼, 노후 준비 등을 달성하기 위하여 저축이나 투자를 통하여 소요되는 자금을 어떻게 마련할 것인가에 초점을 맞추어 계획하고 준비하는 것을 의미한다.

참 고 문 헌

임태순(2009). **청년기 금융과 실물자산의 최적포트폴리오**. 국민연금 CSA 전문상담사과정 II.
임태순(2009). **중년기 금융과 실물자산의 최적포트폴리오**. 국민연금 CSA 전문상담사과정 II.
임태순(2009). **노년기 금융과 실물자산의 최적포트폴리오**. 국민연금 CSA 전문상담사과정 II.
임태순(2010). **핵심재테크**. 이담북스.

동아일보. 2005년 9월 14일. http://www.donga.com.
조선일보. 2006년 5월 2일. http://www.chosun.com.
중앙일보. 2005년 10월 5일. http://www.joins.com.
한국경제. 2005, 2006년. http://www.hankyung.com.

건강과 유머경영

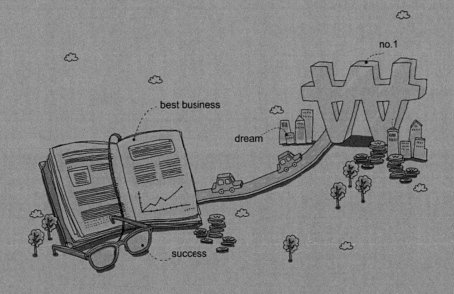

건강과 스트레스관리

Chapter 11 | 건강과 스트레스관리

학 습 목 표

1. 건강관리에 앞서 자신의 건강상태를 자가진단해 보는 시간을 가져 봄으로써 건강에 대한 중요성을 살펴본다.
2. 건강관리와 장수비결에 대하여 학습한다.
3. 스트레스관리에 대하여 살펴본다.

1 건강 자가진단

건강관리를 시작함에 앞서서 자신의 건강에 대한 자가진단 시간을 가져본다. 자신의 상태를 먼저 점검하여 앞으로 건강관리를 어떻게 할 것인가에 대한 중요성을 스스로 일깨우고 관심을 가질 수 있도록 마련한 장이다. 건강 자가진단에는 헬스 케어 자가진단, 복부비만 그리고 생체나이를 살펴보는 시간을 갖도록 한다.

1) 헬스 케어 자가진단

헬스 케어 자가진단은 본인의 과로지수진단을 살피는 시간이다. 헬스 케어 자가진단은 작업장, 일상생활, 신체적 증상의 3영역에서 질문을 통하여 스스로 자가진단을 할 수 있는 시간을 갖는 코너이다.

헬스 케어 자가진단

질문이 마련되어 있습니다. 본인에 해당되는 내용이 몇 개인지 점검해 주세요.

■ 점검표

• 작업장에서

1. 최근에 작업량이 평소보다 30% 이상 증가하고 책임이 무거워졌다.
2. 하루 10시간 이상 일할 때가 종종 있다.
3. 종종 밤늦게까지 일을 하며 작업시간도 불규칙하다.
4. 휴일에도 대부분 일을 하며 보낸다.
5. 잦은 출장으로 1주일에 하루 이틀만 집에서 편히 잔다.
6. 동료 또는 업무적으로 대하는 사람들과 관계가 불편하다.
7. 업무진행이 부진하고 직장에서 가끔 추궁을 받거나 최근에 업무와 관련해 실패한 경험이 있다.

• 일상생활에서

1. 하루에 30개비 이상의 담배를 피운다.
2. 지난 수개월 동안 업무 또는 업무상 교제를 위해 계속 술을 마셨다.
3. 습관적으로 하루 4~5잔씩 커피를 마신다.
4. 식사가 불규칙적이고 동물성 지방을 섭취하는 경향이 있다.
5. 대부분 밤 10시 이후에 귀가하고 때때로 새벽에 귀가할 때가 있다.
6. 최근에 스포츠나 신체적 활동모임에 참여한 적이 없다.
7. 자신이 건강하다고 생각해 최근 1년 동안 병원을 방문한 적이 없다.

• 신체적 증상에서

1. 고혈압 심장질환 혹은 당뇨병 등과 같은 만성질환이 있다.
2. 가끔 심한 피로를 느낀다.
3. 최근에 몸무게가 갑자기 줄거나 늘었다.
4. 최근 수개월간 음주를 하면 빨리 취한다.
5. 때로는 심한 두통 또는 가슴에 심한 통증을 경험했다.
6. 무슨 일을 쉽게 잊어버린다.
7. 사람들이 당신의 나이보다 늙었다고 말하거나 혹은 스스로가 그렇게 느낀다.

■ 나의 과로지수 판정하는 방법

• 영역별 점검

세 가지 영역 가운데 3점 이상에 해당되면 현재의 상황을 변화시킬 필요가 있다.

• 총점 점검

　세 가지 영역을 합한 총점이 9점 이상에 해당되면 건강에 문제가 있는 상태로 의사의 검진이 요구된다.

생체나이 측정검사

생체나이 검사는 우리가 인지하고 있는 생물학적인 나이와 신체의 실제 생체나이를 측정하여 보는 방법이다. 생체나이 측정검사는 피부탄력검사, 반응속도검사, 균형감각검사, 시력조절능력 등 네 가지 영역으로 구성되어 있다.

　다음 항목을 각각 3번 반복해 평균을 낸다. 만약 연령별로 평균치보다 더 걸렸다면 노화가 빨리 진행되고 있다는 증거다.

■ 피부탄력검사

엄지손가락과 집게손가락으로 다른 손, 손등의 피부를 5초가 잡았다가 놓은 후 손등의 피부가 완전히 제자리로 돌아가는 시간을 잰다. 손목을 뒤로 젖힌 상태로 측정한다.

• 20~30대(0~1초)　　　　• 40~50대(2~5초)　　　　• 60대(10~15초)

■ 반응속도검사

자주 쓰는 엄지손가락과 집게손가락을 9cm 정도 벌린다. 다른 사람이 두 손가락 사이에 위에서 50cm 막대자를 떨어뜨리면 두 손가락으로 막대자를 잡는다. 막대자의 0cm 눈금이 손가락 사이와 평행하게 하여 떨어뜨려서 잡은 위치의 숫자를 기록한다.

• 20~30대(15cm)　　　　• 40~50대(25cm)　　　　• 60대(33cm)

■ 균형감각검사

양팔을 허리선에 내려 차려 자세로 선다. 눈을 감고 한 발은 들고 선다. 땅을 딛은 발이 들리거나 들어올린 발이 서 있는 다리에 닿거나 지면에 닿을 때, 또는 팔이 허리에서 떨어질 때까지의 시간을 측정한다.

• 30~34세(10~21초)　　　• 35~39세(8~19초)
• 40~44세(7~16초)　　　• 45~49세(7~13초)
• 50세 이상(5~9초)

■ 시력조절능력

양손으로 신문을 잡고 팔을 최대한 앞으로 뻗었다가 천천히 얼굴 쪽으로 신문을 당겨 신문에 있는 보통 글자가 또렷하게 보이지 않을 때 눈과 신문 사이 거리를 잰다.

• 20대(10cm)　　　　• 30대(12cm)　　　　• 40대(23cm)
• 50대(38cm)　　　　• 60대 이상(100cm)

자료 : 보험합리주의

2) 복부비만

직장생활을 하는 30대와 40대 직장인들은 운동 부족 및 야근 등과 같은 불규칙한 생활로 인하여 배와 허리에 체지방이 집중 축적되어 '복부비만'이 느는 경향을 보이고 있다. 특히, 복부비만은 죽음을 가져오는 '만병의 근원'으로 불리며, 당뇨병, 고혈압, 고지혈증, 동맥경화, 중풍, 심장병과 같은 각종 성인병을 유발하는 직접적인 원인을 제공하고 있다. 복부비만과 관련된 사항을 정리해 보면 다음과 같다.

(1) 남자 허리둘레 90cm(36인치), 여자 허리둘레 85cm(34인치)가 기준

이 기준은 한국비만학회가 제시한 기준이며, 허리둘레가 기준수치를 넘게 되면 성인병 위험이 2배로 증가한다는 학계보고가 있다.

(2) 담배와 내장형 비만은 양의 상관관계

통계치는 흡연과 내장형 비만과 양의 상관관계를 가진다는 학계의 보고가 있다.

(3) 복부비만 예방을 위한 계명

- 적어도 하루에 40분 이상 걸어라.
- 식사는 천천히 여유 있게 하라.
- 식사 후 10~20분 산책하라.
- 회식은 일찍 시작해서 일찍 끝내라.
- 오랜 시간 사무실에 앉아 있지 마라.
- 3~5층은 계단을 이용하라.
- 허리둘레 등 비만도를 정기적으로 측정하라.
- 하루 8컵 정도의 물을 마신다.
- 점심은 5~8분 정도 걸어가서 먹어라.
- 저녁은 잠들기 4시간 전에 먹어라.

② 건강관리

생각해 보기

우리나라 40~50대 남성의 사망 원인 1위인 간 질환에 대해 알아봅시다.

간을 괴롭히는 '5적'

• 간염 바이러스 : 전체 인구의 5~8%가 만성 B형 간염 바이러스 보균자
• 알코올 : 간이 1시간에 분해할 수 있는 알코올의 양은 보통 10~15g(소주 1~2잔) 정도
• 담배 : 흡연은 모든 암을 유발하는 가장 큰 원인으로, 간암을 유발하는 요인도 음주보다 흡연이 5배나 높음
• 스트레스
• 비만

1) 로이진 박사가 제시한 건강법

미국 뉴욕주립대(SUNY) 의대 학장이자 '리얼에이지닷컴(www.realage.com)' CEO인 마이클 로이진 박사가 제시한 '나이보다 젊어지는 78가지 방법' 중에서 몇 가지를 제시해 본다.

- 생선을 1주일에 3회 이상 먹기(최고 3년 젊어짐)
- 1주일에 3,500kcal 이상을 운동으로 소비하기(3, 4년 젊어짐)
- 매일 아침식사하기(최고 1.1년 젊어짐)
- 많이 웃기(1년에서 2년 젊어짐)
- 식사량 줄이기(1.3년 젊어짐)
- 매일 친구와 전화통화하기(8년 젊어짐)
- 한 파트너와 섹스 즐기기(1.6~1.8년 젊어짐)
- 차를 즐기기(1~2년 젊어짐)
- 담배 끊기(5년 금연하면 7년 젊어짐)

Note 11-2

장수비결 15가지

- 긍정적 사고
- 너무 많은 수면은 백해무익
- 경제적 윤택
- 감정조절하기
- 결혼 잘하기
- 자주 웃기
- 스트레스관리

- 충분한 성관계
- 정기적으로 콜레스테롤 체크
- 금연
- 항산화제 섭취
- 규칙적 운동
- 체중감량
- 명상

자료 : 동아일보, 2006년 5월 9일자 기사내용을 저자가 재구성함

2) 미국 포브스지 '장수비결'

미국의 잡지인 포브스(forbes)는 장수비결에 관한 재미있는 기사를 내보낸 적이 있다. 건강하게 오래 살기 위한 비법으로 15가지를 제시했는데, 그 항목 들이 매우 재미있다.

Note 11-2에서 살펴보는 바와 같이 장수하기 위해서는 크게 긍정적인 사고 (긍정적 사고와 웃음, 감정조절하기)와 운동(체중조절, 콜레스테롤 체크, 운동) 그리고 건강을 위한 영양(항산화제 복용) 등을 꼽았다. 이 외에도 충분한 수면 과 명상 등도 장수를 위한 조건에 포함시켰다. 그렇다면 이들 장수비결을 하나 하나 살펴보기로 하자.

3) 건강관리 결심전략

(1) 소 식

노화를 예방하고 비만을 줄이기 위해서는 소식하는 생활이 필요하다. 소식은 노화예방과 장수에 도움이 된다고 입증된 사실로서, 노화예방을 위해서는 골고 루 영양소를 섭취하되 칼로리 섭취량은 전반적으로 30% 정도 줄이는 것이 좋 다. 식사법은 '아침은 충분히, 점심은 적당히, 저녁은 적게' 먹는 법을 권한다.

(2) 규칙적인 운동

운동은 최소한 30분, 일주일에 세 번 이상은 하도록 한다. 걷기와 달리기 등 유산소 운동은 지방을 연소시키고 심폐기능을 향상시키는 데 도움이 되고, 무산소 운동인 웨이트트레이닝은 근육을 증가시켜 기초대사율을 높이는 데 도움이 된다.

(3) 스트레스는 적절하게 조절

스트레스를 감당할 능력이 약화되거나 스트레스를 해소하지 못한 상태가 오래 지속되게 되면 불안과 갈등을 일으키고 정신적, 신체적 기능장애나 질병을 유발하게 된다. 지속적인 스트레스는 노화를 촉진하고 암, 심장병, 뇌졸중, 위염, 심근경색으로 인한 돌연사의 원인이 되기도 한다.

(4) 과음, 흡연 등 위험인자 제거

노화를 촉진시키는 위험인자를 제거해야 한다. 특히, 안전벨트의 생활화나 운전 중 휴대전화 사용, 음주운전 등과 같은 사고예방 습관을 몸에 익히도록 한다.

(5) 충분한 수면

'잠이 곧 보약'이라는 말이 있듯, 숙면은 그만큼 건강에 도움이 된다. 수면시간은 8시간 정도가 적당하다고 보지만 개운한 기분으로 하루를 시작할 수 있으면, 시간은 그렇게 중요하지 않다.

(6) 정기적인 건강검진

30세를 넘으면 1년에 한 번 정도 병원에서 정기검진을 받아 보도록 한다. 특히, 고혈압, 심장병, 당뇨 등과 같은 대표질환에 대해 관심을 가지고 점검해 보자.

3 스트레스관리

현대를 살아가는 우리들에게서 스트레스 없이 살기란 매우 힘든 일이다. 따라서 스트레스를 피하는 전략보다는 스트레스를 어떻게 관리할 것인가에 초점을 두는 것이 현대인에게 필요한 과제라고 할 수 있다.

스트레스 하면 우리는 쉽사리 몸에 유해한 영향을 미치는 존재로 각인되어 있다. 하지만 스트레스는 양면적인 성격을 가지고 있다. 하나는 건설적인 스트레스이고, 다른 하나는 파괴적인 스트레스이다. 그림 11-1에서 보는 바와 같이 건설적인 스트레스는 개인들의 작업능률을 올리는 작용을 한다. 이와는 반대로 우리가 스트레스관리라고 할 때의 스트레스는 파괴적인 스트레스를 의미한다. 즉, 파괴적인 스트레스란 스트레스가 지나쳐서 질병을 일으키기도 하고, 결근이나 이직과 같이 생산성을 하락시키며 개인의 의욕을 하락시키는 요인으로 작용되는 스트레스를 말한다.

1) 스트레스에 대한 이해

(1) 건설적 스트레스

적절한 스트레스는 개인의 작업에 대한 노력을 앙양시키고 창의성, 성실성을 높여 성과를 높인다.

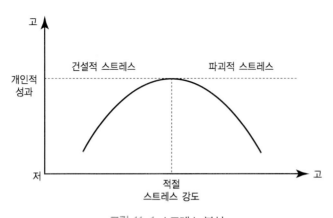

그림 11-1 스트레스 분석

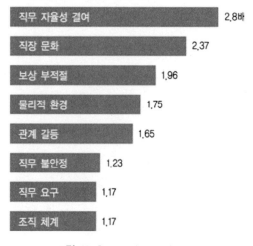

어떤 스트레스가 뇌 · 심혈관 질환 높이나
(스트레스 안 받는 사람을 1로 봤을 때)

직무 자율성 결여	2.8배
직장 문화	2.37
보상 부적절	1.96
물리적 환경	1.75
관계 갈등	1.65
직무 불안정	1.23
직무 요구	1.17
조직 체계	1.17

그림 11-2 스트레스 분석
자료 : 대한산업의학회지(2007. 6)

(2) 파괴적 스트레스

지나친 스트레스는 질병을 유발하고, 결근, 이직, 사고 등으로 이어져 결국 성과를 감소시키게 된다. 이와 관련하여 연구조사에 따르면 직무와 관련되어 뇌와 심혈관질환을 높이는 스트레스를 조사해 본 결과 그림 11-2와 같은 결과를 얻었다.[1]

2) 직무스트레스 자가진단(유형 A)

직무스트레스와 관련하여 스스로 진단해 볼 수 있는 자가진단을 본 주제에 마련하였다. 본 자가진단은 동아일보에 기사화되었던 내용을 다시 구성한 것으로 혹시라도 본인의 자가진단 결과를 다시 한 번 확인하고자 하는 이들을 위하여 심화학습에 '직무스트레스 자가진단법(유형 B)'을 제시하였다. 이를 통해 다른 유형의 문제를 가지고 자신의 상태를 다시 확인해 볼 수 있다.

---

1) 조선일보, 2007년 8월 28일자

직무스트레스 자가진단

☑ 거의 그렇지 않다 ⇨ 1점　　　　☑ 약간 그렇다　　　⇨ 2점

☑ 자주 그렇다　　　⇨ 3점　　　　☑ 거의 항상 그렇다 ⇨ 4점

☐ 직장에 출근하는 것이 부담스럽거나 두렵다.

☐ 일에 흥미가 없고 지겹게 느껴진다.

☐ 최근 업무와 관련해서 문제가 발생한 적이 있다.

☐ 내 업무능력이 남들보다 떨어진다는 느낌이 든다.

☐ 직장에서 업무에 집중하기 힘들다.

☐ 항상 시간에 쫓기면서 일한다.

☐ 내 업무 책임이 너무 많은 것 같다.

☐ 직장에서의 일을 집에까지 가져가서 할 때가 많다.

☐ 업무가 내 흥미에 잘 맞지 않는다고 느낀다.

☐ 내 일이 미래에 대한 전망이 별로 없다고 느낀다.

☐ 요즘 나는 우울하다.

☐ 별 이유 없이 긴장하거나 불안할 때가 있다.

☐ 요즘 잠을 잘 자지 못한다.

☐ 짜증이 자주 나 배우자 또는 가족과 자주 다툰다.

☐ 사람들과 안 어울리고 혼자 지내는 시간이 많다.

☐ 요즘 대인관계가 원만하지 못할 때가 있다.

☐ 최근 지나치게 체중이 늘거나 빠졌다.

☐ 쉽게 피곤하다.

☐ 무기력감을 느끼거나 멍할 때가 있다.

☐ 술, 담배를 예전보다 많이 한다.

- 20점 이하 : 직무스트레스 거의 없음
- 20~40점 : 직무스트레스 약간 있음. 관리 필요
- 41~50점 : 직무스트레스 위기 상황. 대처능력 필요
- 51~60점 : 직무스트레스 경보 상황. 전문의 상담 필요
- 60점 이상 : 매우 위험한 상황. 전문의 상담 시급

자료 : 동아일보, 2006년 2월 20일자 기사내용 저자가 재구성함

3) 스트레스 관리법[2]

(1) 스트레스를 빨리 포착하라

두통, 위장장애, 근육긴장, 수면장애는 스트레스의 조짐이자 증세다. 스트레스가 온다 싶으면 숨을 크게 쉬고, 관리에 나서야 한다.

---

2) 메이요 클리닉 건강뉴스

(2) 운동하라

짧은 산보라도 긴장된 기분을 가라앉힐 수 있다.

(3) 영양에 신경을 써라

건전한 식사는 매일매일의 스트레스에 대처할 수 있는 에너지를 공급한다. 식사를 거르거나 건강에 안 좋은 음식을 먹으면 피로가 쉽게 올 수 있다.

(4) 일의 한계를 정하라

일의 한계를 정하면 오히려 일을 생산적으로, 성공적으로 수행할 수 있다.

(5) 친구를 만나라

친구는 격려를 통해 좌절감을 이기게 해줄 수 있다. 친구가 당신에게 웃음을 찾아 준다면 더욱 좋다. 웃음이 긴장을 푸는 데 효과가 크다는 것은 이미 널리 알려진 사실이다.

(6) 여유시간을 활용하라

좋은 책을 읽는 다거나 영화를 감상하면 비생산적인 걱정에서 벗어날 수 있다.

(7) 쉬어라

휴식은 편안한 마음을 가져온다. 마음을 가라앉힐 수 있는 취미활동이나 운동도 좋다. 명상, 기도 그리고 느린 호흡도 도움이 된다.

(8) 필요하면 도움을 청하라

도움은 나약함의 표시라고 생각하지 말고, 의사나 정신관련 전문가를 찾아가 상담해 보는 것도 해결의 한 방법이다.

 심화학습

2009 한국인의 생활상

2004년과 비교하니
'웰빙'에 덜 일하고 더 꾸미고 운동
'평등'에 집안일, 男6분↑－女5분↓

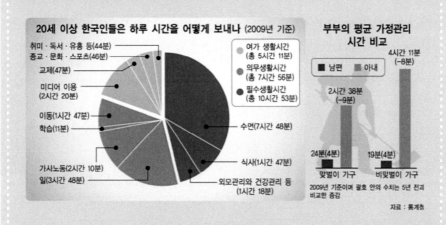

20세 이상 한국인들은 하루 시간을 어떻게 보내나 (2009년 기준)

- 취미·독서·유흥 등(44분)
- 종교·문화·스포츠(46분)
- 교제(47분)
- 미디어 이용(2시간 20분)
- 이동(1시간 47분)
- 학습(11분)
- 가사노동(2시간 10분)
- 일(3시간 48분)
- 외모관리와 건강관리 등(1시간 18분)
- 식사(1시간 47분)
- 수면(7시간 48분)

● 여가 생활시간 (총 5시간 11분)
● 의무생활시간 (총 7시간 56분)
● 필수생활시간 (총 10시간 53분)

부부의 평균 가정관리 시간 비교

■ 남편　▨ 아내

4시간 11분 (-8분)
2시간 38분 (-9분)
24분(4분) ─ 맞벌이 가구
19분(4분) ─ 비맞벌이 가구

2009년 기준이며 괄호 안의 수치는 5년 전과 비교한 증감

자료 : 통계청

지난해 한국 남성의 가사노동 시간은 5년 전에 비해 늘었고 여성은 감소했다. 대학생들의 학습시간은 취업난을 반영해 크게 증가했지만 여전히 초등학생보다 적었다. 일에 투입하는 시간을 줄이는 대신 외모와 건강관리를 위한 시간은 늘려 '참살이(웰빙)' 생활문화가 계속 확산되고 있는 것으로 나타났다.

통계청은 10세 이상 국민 2만 1,000여 명을 대상으로 조사해 30일 발표한 '2009년 생활시간조사 결과'를 통해 한국인의 생활상이 이렇게 바뀌었다고 밝혔다. 맞벌이 가구와 비(非)맞벌이 가구 모두 여전히 집안일은 압도적으로 여성 몫이었지만 남성의 가사노동 참여시간은 계속 증가하고 있는 것으로 나타났다. 하루 평균 한국 성인 남성의 가사노동 시간은 42분으로 5년 전(2004년)에 비해 6분 증가했고 여성의 가사노동 시간은 3시간 35분으로 5분 감소했다. 맞벌이 가구의 남편은 가정관리(음식 준비, 청소, 집 관리 등) 시간으로 하루 평균 24분을 할애해 비맞벌이 가구의 남편(19분)보다 다소 길었다. 신경아 한림대 사회학과 교수는 "남편들, 특히 젊은 남편들 사이에서는 가사노동에 투자하는 시간이 지속적으로 증가하는 것을 보여 준 결과"라며 "아직까지 여성들이 가사노동을 중점적으로 담당하고 있지만 남성들의 몫이 계속 커질 것"이라고 전망했다.

학생들의 학습시간은 초등학생만 5년 전과 비교해 변동이 없었고 나머지는 모두 증가했다. 특히, 대학생들의 하루 평균 학습시간은 3시간 47분으로 5년 전에 비해 33분 증가해 고등학생(18분)과 중학생(5분)보다 크게 늘어났다. 하지만 대학생들의 학습시간은 여전히 초등학생의 평균(6시간 14분)보다 2시간 이상 적었다. 대학생들이 학교 수업과 상관없이 하루 10분 이상 자기계발을 위해 학습활동을 하는 비율도 11.2%에 그쳤다. 수면과 식사가 포함되는 필수생활시간은 10시간 53분으로 19분 늘었지만 일, 가사노동, 학습 등에 쓰는 시간인 의무생활시간은 9분(7시간 56분) 줄었다. 여가활동시간(5시간 11분)도 11분 감소했다.

자료 : 동아일보, 2010년 3월 31일

직무스트레스 자가진단법(유형 B)

현대를 살아가는 사무근로자들이 조직 내에서 발생할 수 있는 직무스트레스 및 이를 관리하여 해소하는 방안에 대한 관심이 높아지고 있는 가운데 스트레스측정법 중의 하나로 설문에 의한 방식이 많이 활용되고 있다.

진단요령	• 항목당 일주일에 3회 이상이면 +2점 • 일주일에 1~2회이면 +1점 • 일주일에 거의 없으면 +0점
진단문항	• 긴장감, 분노를 자주 느끼고 신경성 소화불량이 생겼다. • 직장이나 가정에서 주위 사람들에게 짜증을 자주 낸다. • 스트레스를 받으면 술을 마시거나 담배를 피운다. • 긴장감, 편두통, 목이나 어깨의 통증, 불면증이 있다. • 밤이나 주말에 이튿날부터 일할 생각을 하면 긴장되고 두려운 마음이 든다. • 집에 일을 가져오거나 항상 일에 대한 걱정을 한다. • 긴장을 풀기 위해 진정제나 다른 약을 먹는다. • 시간여유가 있어도 긴장을 해소하기 위한 운동 등을 하지 못한다. • 업무의 성격상 마감시간에 쫓기는 편이다. • 평균 수면 시간이 7시간이 안 되고 항상 피로를 느낀다.

종합평가	총점이 9점 이하＝정상적인 수준,
	          10~13점＝평균 이상 위험군(스트레스관리 요망)
	          14점 이상＝고위험군(전문가의 진찰 요망)

용어정리

직무스트레스

스트레스(stress)란 생체에 가해지는 자극에 대해 체내에서 일어나는 생물학적인 반응을 말한다. 즉, 자극에 대하여 우리 몸을 보호하기 위하여 몸에서 일어나는 반응으로 주로 건강에 나쁜 영향을 미치나 적절한 스트레스는 오히려 활력을 줄 수도 있다. 여기서 직무스트레스란 직무와 결부되어 유발되는 스트레스를 의미한다.

참 고 문 헌

리얼에이지닷컴. http://www.realage.com.

메이요 클리닉 건강뉴스.

임태순(2010). **경영학원론**. 한국학술정보(주).

동아일보. 2010년 3월 31일. http://www.donga.com.

조선일보. 2007년 8월 28일. http://www.chosun.com.

신용과 유머관리

Chapter 12 | 신용과 유머관리

학 습 목 표

1. 신용관리에 대하여 학습한다.

2. 신용관리에 대해 살펴본다.

3. 삶을 윤택하게 하는 유머관리에 대해 살펴본다.

---

1 신용관리

생각해 보기

개인신용점수 알아보기

신용관리가 개인차원의 경쟁력을 확보하는 하나의 영역으로 새롭게 떠오르고 있다. 과거와 달리 이제는 개인차원의 신용이 금융기관 및 신용관리회사에 의하여 기록되고 평가되기 때문이다. 따라서 개인의 신용도에 따라 은행에 지불해야 하는 금리도 차이가 많이 나게 되기 때문에, 개인차원의 적절한 신용관리가 요망된다.

신용점수에 대한 이해도 측정

• check point

아래의 질문 중에서 그릇된 내용은 어떤 것이라고 생각하시나요?

1. 정부고급공무원의 신용등급은 1등급이다.

2. 시중은행장 같은 금융회사의 수장 신용도는 1, 2등급을 받기 쉽다.

3. 신용점수는 사회적 지위, 명성, 소득, 재산과 비례한다.

4. 지위가 낮고 재산이 적어도 신용점수가 높을 수 있다.

신용(credit)관리는 여러 신용기관을 통하여 점수화와 등급화가 되고 있는 자신의 신용을 좋은 상태로 관리함으로써 경쟁력을 갖추는 것을 말한다. 특히, 우리나라 금융기관의 경우, 과거에는 담보위주의 대출관행에서 벗어나서, 1997년에 불어 닥친 IMF 사태라는 환란은 우리들에게 미국식의 신용조사에 대한 중요성이 부각되면서 회사뿐만 아니라 개인의 신용에 대한 중요성이 다시 인식되기 시작하였다. 물론 담보위주의 대출관행도 서서히 신용도를 반영하는 분위기로 바뀌게 된 것도 바로 이 시점이다. 따라서 이 장에서는 개인의 차원에서 신용관리의 중요성을 살펴보고, 전국의 신용도를 살펴보며 개인의 신용도 점수를 알아보는 시간을 갖는다.

1) 신용관리의 중요성

신용이란 어떻게 정의되는가? 신용은 점수화하여 개인과 기업과 같이 대상에 대한 신용위험을 파악하는 자료로 활용된다. 따라서 신용관리의 중요성이 대두되는 것이다. 현실적으로, 대출을 한다고 가정할 때, 개인들의 평가된 신용도에 따라 가산금리(risk premium)가 다르게 책정되고 있고 이러한 추세는 더욱 확대될 것으로 예상된다.

미국의 경우에 개인의 신용도는 개인의 경제행위에 매우 중요한 영향력을 미치는 요소이다. 개개인의 신용도는 신용회사(credit bureau)에 의해서 점수화되어 개인의 주택구입을 위한 모기지(주택대출)를 위한 이자율 결정과 개인의 신용카드 발급을 하는 데 있어서 중요한 변수가 되기 때문이다. 우리나라도 과거의 관행에서 벗어나서 개인의 신용이 경쟁력을 좌우하는 매우 중요한 요소로 자리를 잡아 가고 있다. 따라서 개인의 신용관리의 중요성이 부각되는 것이다. 그러면 여기서 신용점수에 대해 살펴보고, 우리나라의 신용분포는 어떻게 되어 있는가 알아보자.

신용점수에 대한 이해를 높이고자 신용점수에 관한 의미를 살펴보고 아울러 우리나라의 신용분포 현황을 살펴봄으로써 신용의 관점에서 전체를 살펴보고자 한다.

(1) 신용점수

- 신용점수는 신용거래가 있는 개인의 신용위험을 수치로 나타낸 것
- 금융회사가 돈을 빌려 주거나 카드를 발급할 때 신용도를 평가하는 지표
- 신용카드 사용과 할부 구매 현황, 신용조회 건수, 연체 정보 등이 종합적으로 반영
- 신용점수가 사회적 지위나 명성, 재산 등과 비례하는 것은 아님
- 신용은 소득 순이 아님

(2) 신용분포 현황 위

그림 12-1은 우리나라에서 한국신용정보가 가지고 있는 3,328명에 대한 신용정보를 면밀하게 분석한 내용이다. 신용점수별로 구분하여 보았을 때 대부분의 사람들은 70점에서 90점 사이에 분포되어 있는 것으로 나타났다. 점수가 가장 높은 최상위 급에는 211만으로 나타내어 약 6%를 조금 넘는 사람들이 이 부류에 속하는 것으로 나타났다.

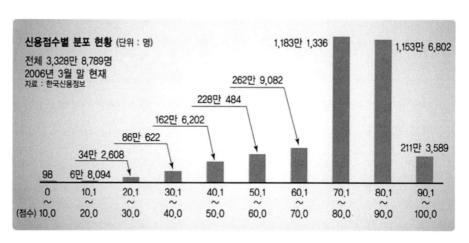

그림 12-1 신용점수별 분포현황

자료 : 동아일보, 2006년 5월 10일

우리나라의 신용정보에 대해 요약하여 정리해 보면 아래와 같다.

- 한국신용정보가 갖고 있는 3,328만 8,789명의 신용정보를 면밀히 분석
- 전체 평균은 74.3점으로 30대 남성의 신용점수가 가장 낮은데(평균 72.0점), 그 원인은 다음과 같다.
  - 청년실업으로 미취업자 증가
  - 높은 이직률
  - 신용을 쌓을 기회가 부족
- 개인의 신용도를 1~10등급으로 나눔
  - 1, 2등급은 374만 5,930명(11.3%)
  - 위험등급인 9, 10등급은 371만 9,942명(11.2%)
  - 사회적 지위가 낮고, 재산이 적어도 신용점수 높을 수 있음
- 1등급은 173만(전체의 5% 수준)
  - 연령대별 분석 : 30, 40대가 약 70%
  - 지역별 분석 : 절반 이상(56.7%)이 서울, 인천, 경기 등 수도권에 거주
  - 성별 분석 : 여성(51.9%)이 남성(48.1%)보다 1등급이 다소 많음
  - 대출 여부 : 1등급의 49.9%는 현재 금융회사에서 대출을 받고 있음(1인당 평균 대출 잔액은 5,700만 원)
  - 연체 여부 : 연체가 한 번이라도 있으면 1등급 되기 어려움(연체확률은 0.02%)

우리나라 전국의 신용도 점수 분포는 서울과 울산, 대구지역 등이 높은 신용도를 유지하고 있는 것으로 조사되었다. 서울의 경우는 서초구와 강남구가 높은 신용도를 유지하고 있는 것으로 조사되었다. 전국과 서울지역의 신용도 분포현황을 살펴보면 각각 다음과 같다.

2) 우리나라 신용도 분포

(1) 전국의 신용도 정리

■ 높은 신용점수 1순위(서울), 2위(울산), 3위(대구)
  특징 : 많은 인구, 산업활동이 활발

■ 인천, 강원, 전남이 낮은 것으로 나타남
  특징 : 산업활동이 미약, 인천은 경제영향

(2) 서울의 신용도 정리

■ 소득 수준이 높고 신용카드 사용 등 금융거래 실적이 좋은 서초구와 강남구
  가 각각 신용점수 1, 2위에 올랐다(서초구(평균 76.9점), 강남구(76.5점)).
■ 이들 지역의 신용점수가 고르게 분포. 두 지역은 표준편차 크기도 150점대
  (전국 평균 표준편차는 171.7)
■ 강북구의 신용점수는 평균 71.2점으로 가장 낮고 평균 이상의 표준편차
  (178.1)
■ 서초구 주민 가운데 '최우량등급'인 1, 2등급 주민은 전체 13만 8,382명
  가운데 만 9,096명(28.3%), 반면 강북구는 1, 2등급 주민이 전체의 16.2%
■ 전통적인 서울 부촌(富村)인 종로구(평창동), 용산구(한남동), 성북구(성북
  동), 중구(장충동)는 신용점수 평균 기준으로 서울 25개 구(區) 가운데 16,
  18, 19, 21위(해석 : 신용점수가 낮은 주민도 많이 살아 신용격차가 크다
  는 뜻)
■ 소득과 다른 신용점수(예 : 노원구 '10억 원 이상 고액 예금자' 분포(서울
  시 25개 구 가운데 19위), 신용점수는 평균 75.6점(서울 25개 구 가운데
  3위)).

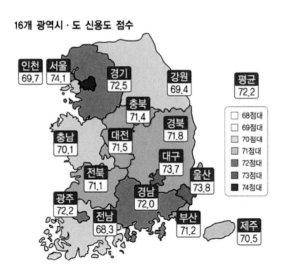

16개 광역시 · 도 신용도 점수

| 인천 69.7 | 서울 74.1 | 경기 72.5 | 강원 69.4 | 평균 72.2 |

충북 71.4

충남 70.1 · 대전 71.5 · 경북 71.8

전북 71.1 · 대구 73.7

광주 72.2 · 경남 72.0 · 울산 73.8

전남 68.3 · 부산 71.2 · 제주 70.5

- □ 68점대
- □ 69점대
- 70점대
- 71점대
- 72점대
- 73점대
- 74점대

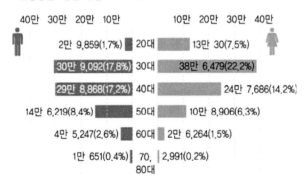

신용등급 1등급 현황 (단위 : 명)

40만 30만 20만 10만   10만 20만 30만 40만

	남		여	
2만 9,859(1.7%)	20대	13만 30(7.5%)		
30만 9,092(17.8%)	30대	38만 6,479(22.2%)		
29만 8,868(17.2%)	40대	24만 7,686(14.2%)		
14만 6,219(8.4%)	50대	10만 8,906(6.3%)		
4만 5,247(2.6%)	60대	2만 6,264(1.5%)		
1만 651(0.4%)	70, 80대	2,991(0.2%)		

그림 12-2 신용도 점수

자료 : 동아일보, 2006년 5월 10일

3) 신용등급 해석법

① 1, 2등급

시중은행 같은 우량 금융회사에서 대출을 받은 뒤 이를 성실히 갚고 신용카드도 많이 쓰는 고객들의 경우(연체가 없어 돈을 떼일 위험이 거의 없다고 판단되는 고객으로 연체율은 '제로(0)'에 근접)

② 3, 4등급

대출을 받거나 신용카드를 많이 쓰는 등 적극적인 신용거래는 별로 없지만 금융회사와 오랫동안 거래를 해 온 경우(연체가 거의 없는 일반인은 대부분 여기에 속함)

③ 5등급 이하

몇 일이라도 연체한 경험이 있는 경우

④ 5, 6등급

시중은행 대신 캐피탈회사나 보험사 대출을 이용하는 사례가 많은 경우

⑤ 7, 8, 9, 10등급

대출받을 때 저축은행을 이용하는 경우가 많고 사채나 신용카드 현금서비스도 자주 쓴 경우

⑥ 9, 10등급

현재 신용정보관리대상자(과거 신용불량자)이거나 곧 신용정보관리대상자가 될 상황에 처한 경우

4) 나의 신용점수 알아보기

- 한국신용정보가 운영하는 마이크레딧(www.mycredit.co.kr)
- 한국신용평가정보의 크레딧뱅크(www.creditbank.co.kr)

2 유머관리

유머관리에서는 우리 생활에 활력을 주는 유머를 관리하는 방법에 대한 학습을 한다. 세부적으로는 즐거운 세상 만들기, 웰빙의 유머, 웃음 그리고 성공하는 유머와 실패하는 유머의 순으로 살펴보고자 한다.

1) 유머의 효과

유머는 우리의 삶에 윤활유처럼 긴장감을 이완시키고 즐거움을 선물한다. 즉, 유머는 세상을 즐겁게 만든다. 그런 연유에서 최근에는 경영에도 펀경영이 도입되고 있는 실정이다. 그렇다면 웃음경영과 유머가 있는 연설에 대해 알아보자.

- 웃음경영, 펀(fun)경영
  - 재미있는 기업이 재미 본다.
  - 펀(fun)경영은 '현대적 리더십을 갖춘 CEO'
  - 유머와 리더십은 근본이 같다.
  - 유머가 생산성 향상에 도움이 된다.
- (선진국) 좋은 연설은 유머가 있는 연설
- (국내 광고업계) 광고테마의 변화(내용전달 방식의 직설표현방식에서 → 유머와 감각 중심으로 이동)

2) 유머는 웰빙

유머가 단순히 웃음을 제공하는 차원을 넘어서 이제는 질병치료에 응용되고 있는 실정이다. 연구에 따르면 유머는 무려 21가지의 쾌감 호르몬을 발산한다고 한다. 또한 유머로 인한 웃음은 진통제로 알려진 모르핀보다 무려 300배가 강한 통증완화 효과가 있다고 한다. 그렇다면 웰빙에 필요한 유머의 효과에 대하여 알아보자.

- 웃으면 엔도르핀을 포함한 21가지 쾌감 호르몬 발산
- 엔케팔린이란 호르몬은 모르핀보다 300배가 강한 통증완화 효과
- 1분 동안의 웃음은 10분 동안 에어로빅을 한 것과 같은 효과(혈압이 떨어지고, 심장혈관과 폐의 기능 활성화)
- 웃음은 스트레스와 관련 있는 아드레날린과 코르티솔 분비를 억제

3) 쾌감 호르몬 '웃음'

우리는 나이가 들수록 웃음을 잃어 간다. 갓난 아이 때는 시도 때도 없이 나오던 웃음이 어느새인가 웃음을 점점 멀리하면서 살아가고 있는 것을 발견하게 된다. 웃음과 관련하여 전문가들은 일부러라도 웃어서 웃음이 주는 여러 가지 효과를 경험하라고 충고를 한다.

그렇다면 웃음을 유지하는 비결은 무엇인가? 전문가들이 제안하는 웃음의 10계명을 살펴보자(Note 12-1).

Note 12-1

웃음의 10계명

• 크게 웃어라. 큰 웃음이 최고의 운동이다.
• 억지로라도 웃어라.
• 일어나자마자 웃어라. 아침웃음이 보약이다.
• 시간을 정해 놓고 웃어라. 병원과 이별하게 될 것이다.
• 마음까지 웃어라. 표정보다 마음이 더 중요하다.
• 즐거운 생각을 하며 웃어라.
• 함께 웃어라. 혼자 웃는 것보다 33배 효과가 있다.
• 힘들 때 더 웃어라. 진정한 웃음은 힘들 때 더 효과적이다.
• 한번 웃고 또 웃어라. 웃지 않고 보내면 그날을 낭비하는 것이다.
• 꿈을 이뤘을 때를 상상하며 웃어라.

자료 : 한국웃음연구소, www.hahakorea.co.kr

세상에 쉬운 일이 없듯이 웃음을 유지하기 위하여 웃음 달인도 많은 노력을 한다. 웃음 달인들이 하는 웃음 달인의 비법 다섯 가지를 소개해 보고자 한다.

■ 유머, 하루 10개 외워라.
■ 외운 유머는 반드시 써먹어라.
■ 신문을 꼼꼼히 읽어라(생활밀착형 웃음의 소재 찾기).

- 다양한 사람을 자주 만나라.
- 유머를 즐겨라.

4) 유머전략

유머의 성공과 실패를 결정하는 요인은 무엇인가? 가끔 많은 사람들이 모인 자리에서 유머를 하는 사람의 본의와는 달리 별안간 썰렁함으로 끝나는 경우를 보았을 것이다. 그렇다면 실패하는 유머는 어떤 특징을 가지고 있을까?

실패하는 유머의 유형을 살펴보고 성공하는 유머의 달인이 되는 길을 배워보기로 한다. 실패하는 유머는 다음의 네 가지로 설명할 수 있다.

- 장황한 상황설명
- 너무 많은 힌트를 주거나 숨겨야 할 결정적인 단어제공은 김빠짐
- 유머는 허를 찌르는 것이므로 예상되는 대답은 금물
- 20년 전 유머는 재활용, 3개월 전 유머는 민망

 심화학습

개인신용정보 종합DB 만든다

금융 업종별로 따로 운용하고 있는 개인신용정보를 종합적으로 관리할 수 있는 체제가 구축된다. 금융위원회는 4월 관련 태스크포스(TF)를 구성해 개인신용정보에 대한 종합관리 시스템을 구축하기로 했다. 금융위 관계자는 28일 "업권별로 흩어져 있는 개인신용정보를 하나로 모아 종합 데이터베이스를 구축할 것"이라며 "개인 대출을 위한 정확한 분석 자료로 활용할 수 있을 것"이라고 말했다. 현재 개인신용정보 관리 시스템은 업권별로 분리 운용되고 있다. 은행, 보험, 증권, 카드 등 업권별로 각 협회가 개인신용정보를 모아 관리하고 있어 업권별로 정보 공유가 안 되고 있다. 예를 들어, 은행은 은행연합회를 통해 전체 은행 고객 정보를 확인할 수 있지만 이들 고객이 보험권과 어떤 거래를 하고 있는지는 확인할 수 없다. 다만 `크레딧뷰로(CB)`라는 전문 신용정보회사들이 각 협회와 개별 금융사에서 돈을 주고 정보를 산 뒤 이를 집적하고 있다. 이후 각 금융사들은 이 정보를 구매해 활용할 수 있다. 하지만 CB들이 모집할 수 있는 정보가 제한적이라 종합적인 신용관리에 어려움이 많다. 특히, 저축은행과 대부업계가 문제다. 저축은행은 중앙회 차원에서 정보 수집 시스템이 발달돼 있지 않고, 대부업체들은 크게 2개 그룹으로 나뉘어 내부에서만 정보를 공유하고 있다. 이에 CB들이 집적한 정보에는 저축은행과 대부업체를 주로 이용하는 서민 신용정보가 빠져 있다. 금융위 관계자는 "서민 신용정보 관리가 제대로 안 되면서 저축은행은 대출 희망자 신용 상태가 어떤지 확인하기 어렵다."며 "이에 따라 대출상환능력이 있는 서민들도 대부업체를 이용해야 하는 상황"이라고 말했다. 금융위는 수집 대상 신용정보 범위를 확정한 뒤 전체 업권별 정보를 한 기관 혹은 복수 기관을 통해 취합하는 방안을 유력하게 검토할 계획이다. 이후 정보 편집·유통은 현행처럼 CB들이 맡을 전망이다. 이렇게 하면 저축은행과 대부업체 이용자 정보도 DB로 구축하게 되면서 서민 대출이 활발해질 수 있다. 금융위 관계자는 "서민대출 시스템이 확립되지 않았다는 것을 핑계로 저축은행이 서민대출보다 부동산 대출에 치중하는 등 부작용을 해소하는 데 많은 도움이 될 것"이라고 말했다. 다만 시스템을 구축하는 데 오랜 시간이 걸릴 전망이다. 금융위 다른 관계자는 "대부업체 등 기존 시스템에서 빠져 있는 업권을 끌어들이는 과정 등에서 많은 난제가 예상된다."며 "TF를 통해 시일을 두고 천천히 문제를 풀어 나가겠다."고 말했다.

자료 : 매일경제, 2010년 3월 30일

용어정리

펀(fun)경영

펀 경영은 경영도 재미있게 해야 한다는 주장에서 대두된 경영의 한 방식이다. 펀경영은 유머가 녹아난 리더십을 의미하며 펀경영은 생산성 향상에 도움이 되는 것으로 연구결과를 보이고 있다.

참 고 문 헌

매일경제. 2010년 3월 30일. http://www.mk.co.kr.

동아일보. 2006년 5월 10일. http://www.donga.com.

조선일보. http://www.chosun.com.

한국경제. http://www.hankyung.com.

중앙일보. http://www.joins.com.

한국웃음연구소. http://www.hahakorea.co.kr.

한국신용정보. http://www.mycredit.co.kr.

한국신용평가정보. http://www.creditbank.co.kr.

부 록

돈과 행복의 상관 관계[1]

돈으로 행복을 살 수 있을까?

미국 펜실베이니아대 와튼스쿨의 경제학 교수인 베시 스티븐슨(Stevenson)과 저스틴 울퍼스(Wolfers)가 발표한 연구 결과에 따르면 이 질문에 대한 답은 "그렇다(Yes)"이다.

이들은 세계 각국에서 실시된 각종 여론조사 결과를 분석해 '돈 많은 나라 국민들이 더 행복하고, 그중에서도 돈을 많이 버는 사람일수록 더 행복하다'는 연구 결과를 내놨다고 뉴욕타임스(NYT)가 16일 보도했다. 기존의 통념은 남태평양의 섬나라 바누아투, 히말라야의 소국(小國) 부탄 같은 나라들이 각종 행복지수 조사에서 상위권을 차지한 데서 나타나듯이 "기본적 생활만 충족되면 행복은 소득과 비례하지 않는다."는 것이었다.

이들은 각국의 '구매력 기준 1인당 국내총생산(GDP)'과 '삶에 대한 만족도'를 비교했다(그림 자료 참조). 그 결과 미국·노르웨이·뉴질랜드 등 소득 수준이 높은 나라의 국민들은 삶에 대한 만족도도 대체로 높았다. 반면 아프가니스탄·에티오피아 등 가난한 나라는 국민들의 만족도도 낮았다.

이들은 또 "한 나라 안에서도 돈 많은 사람이 더 행복하다."고 주장했다. 한 예로 미국의 경우 한 해 가구 소득이 25만 달러(약 2억 5,000만 원)를 넘는 사람의 90%가 자신의 삶에 매우 만족해했지만 연소득 3만 달러(약 3,000만 원)가 안 되는 사람 중에선 42%만이 만족했다는 것이다.

이런 주장은 사회과학의 고전이 된 '이스털린의 역설(easterlin paradox)'에 대한 정면 도전이다. 1974년 당시 펜실베이니아대 경제학 교수였던 리처드 이스털린은 2차 대전 후 급속한 경제 발전을 이룬 일본에서 삶에 대한 만족도는 더 낮아졌다는 조사 결과를 바탕으로 "경제 성장만으로 국민이 더 행복해지지는 않는다."는 '이스털린의 역설'을 제창했다. 행복은 상대적으로 결정된다는

---

1) 조선일보, 2008년 4월 18일

것이 핵심인 '이스털린의 역설'은 이후 '인간의 행복은 돈으로 살 수 없는 것'이라는 근거로 많이 쓰였다.

　현재 서던캘리포니아대 교수인 이스털린은 NYT 인터뷰에서 "부자 나라 국민이 더 만족도가 높은 경향을 보이는 것은 소득 외에 문화 차이, 의료 개선 등 여러 조건이 반영된 결과"라며 "장기간에 걸친 꾸준한 경제 성장에도 같은 기간 국민의 행복 수준은 그리 나아지지 않은 미국과 중국 등의 사례로 볼 때 소득만이 행복의 절대 기준은 될 수 없다."고 반박했다.

삶에 대한 만족도를
10점 만점에 8~10점으로
답한 사람 비율

5　15　25　33　66%

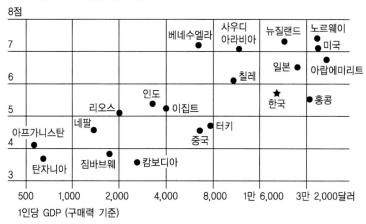

삶에 대한 만족도 평균(10점 만점)

| 돈과 행복의 상관 관계 |

자료 : 미국 펜실베이니아대 와튼스쿨

직장인 행복점수[2]

임금보다 비전… 장래 안 보이니 답답

> ❝ "사표를 냈다. 부서장은 별로 말리지 않았다. 의욕이 없더니만 역시…"라며 말꼬리를 흐렸다. 평소 이런저런 푸념을 잘 들어주던 1년 선배는 섭섭해했다. 은행에 입사한 지 5년이 됐지만 배정된 업무에 만족하지 못한 정모(33) 씨. 이달 초 "비전이 없다."며 회사를 그만뒀다. 그는 "잡무 때문에 장래를 생각해 본 적이 없다."며 "전문 자격증을 따서 행복하게 일하고 싶다."고 했다. ❞

    2006년 한국의 샐러리맨들은 직장생활에서 무엇을 가장 중요하게 여길까. 돈? 아니다. 비전이다. 하지만 많은 샐러리맨은 직장에서 비전이 사라지고 있어 행복하지 않다고 생각하는 것으로 나타났다. LG경제연구원이 18일 내놓은 '대한민국 직장인 행복점수' 보고서에 따르면 직장인의 행복점수(만족도)는 100점 만점에 49.7점에 그쳤다. 보고서는 LG경제연구원이 한국갤럽과 공동으로 11월 29일~12월 6일 서울·경기 및 6대 광역시 직장인 556명을 대상으로 이메일 및 면접 설문 조사한 결과를 토대로 했다.

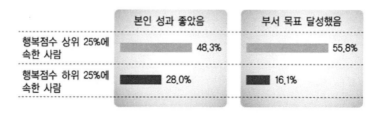

| 직장인 행복점수와 업무 성취도의 관계 |
자료 : LG 경제연구원, 한국갤럽

■ 인간관계 만족도가 가장 높아

보고서에 따르면 샐러리맨들이 직장생활에서 중시하는 것은 △비전 △업무 △휴식 △인간관계 △보상의 순서였다. 항목별 만족도를 평가한 행복점수는 △인

---

2) 동아일보, 2006년 12월 19일

간관계(56.6점) △업무(50.2점) △보상(49.5점) △비전(47.9점) △휴식(44.2점)의 순서로 나왔다. 직장생활에서 첫 손가락으로 꼽는 비전 행복점수가 끝에서 두 번째로 낮은 반면 중요도가 최하위인 보상 만족도는 중간 수준이었다. 인간관계는 56.6점으로 전체 평균 행복점수(49.7점)보다 7점 가까이 높았다. 어려운 여건이지만 동료에게서 활력을 얻고 있는 것으로 풀이됐다.

인하대 박기찬(경영학) 교수는 "경기 위축으로 실업의 위험이 높아지는 가운데 한편에서는 이런저런 불로소득을 얻는 계층이 늘어나 직장인들이 비전을 갖고 업무에 몰입하지 못하고 있다."며 이런 상황에서 만족스러운 직장생활을 하긴 어렵다고 분석했다.

■ 재충전 위한 휴식 필요

비전 등 다섯 가지 항목 가운데 행복점수가 가장 낮은 항목은 휴식(44.2점)이었다. 잘 쉬지 못한다는 뜻이다. 더 좋은 성과를 내기 위해 쉴 기회를 반납하고 있기 때문이다. 설문에선 '성과를 높여라' 는 무언(無言)의 압력을 상사에게서 받아 마음 편히 쉴 수 없다는 답변이 많았다. 호텔에 근무하는 양모(32) 씨의 경우도 비슷했다. 양씨는 일에 치여 지내다가 임신 8주 만에 둘째 아기를 유산했다. 최근 호텔이 개·보수작업을 시작하면서 기본업무 외에 작업 현황을 일일이 체크하는 가욋일이 생겼던 것. 보통 오후 9시가 넘어 퇴근했고 하루 종일 서 있는 날이 다반사였다. 유산 직후 호텔 측이 업무를 줄여 줬지만 이미 때는 늦었다.

직장생활의 버팀목인 인간관계도 일을 서로 미루다가 금이 갈 수 있다. 홍보팀에서 일하던 이모(33) 씨는 올해 초 회사에서 홍보와 관련 없는 각종 회의에 참석하라는 지시를 받았다고 한다. 일을 분담하려 하자 "업무를 떠넘기려 한다." 는 뒷말이 나왔다. 이씨는 최근 직급을 낮춰 다른 회사로 자리를 옮겼다.

한국인사관리학회 심원술 회장은 "인사평가에서 개인 중심의 단기 성과를 중시하다 보니 팀워크가 깨질 때가 많다."고 지적했다.

■ 행복은 소득 순이 아니다

소득이 많다고 해서 반드시 행복한 건 아니었다. 월평균 소득 500만 원대까지는 소득이 늘수록 행복점수도 높아졌지만, 600만 원대부터는 점수가 다시 낮아졌다. 돈 이외에 비전, 인간관계 등 다른 변수에 따라 직장생활의 만족도가 달라진다는 얘기다.

직급별로는 실무 책임을 맡는 과장이 특히, 잘 쉬지 못하는 직급으로 분류됐다. 이들의 휴식 행복점수는 42.1점으로 임원(50.9점)에 비해 10점 가까이 낮았다.

남성보다 여성의 행복점수가 6점 정도 낮았는데 이는 직장 내에서 성적(性的) 차별을 받는다고 여기는 여성 직장인이 일부 있기 때문으로 풀이된다.

■ 행복하면 일도 잘한다

행복점수와 업무성취도는 어떤 관계가 있을까. 결론부터 말하면 행복할수록 일을 잘할 가능성이 높다. 행복점수가 상위 25%에 속하는 사람 2명 중 1명꼴은 올해 본인의 성과가 좋았을 뿐 아니라 자신이 속한 부서도 당초 목표를 달성했다고 답했다. 반면에 하위 25%에 속하는 사람 중 본인의 성과가 좋았다고 말한 사람은 28%, 부서 목표를 달성했다고 한 사람은 16%에 불과했다.

직장생활이 행복하지 않아 이직(移職)을 고려하는 직장인은 전체 응답자의 43.7%를 차지했다. 특히, 취직한 지 얼마 안 되는 20대 사원급 직장인의 절반 이상이 다른 직장을 구하고 있는 것으로 조사됐다. 사회 초년생들이 직장에서 얻는 실망감이 커지면서 경제 전체가 활력을 잃을 것이라는 우려도 나온다.

LG경제연구원은 직장인의 만족도를 높이기 위해 △경영진이 회사의 비전을 직원과 공유하는 창구를 마련하고 △멘터링(후견인) 제도를 활성화해 고참 직원이 신입 사원의 성장을 돕도록 할 필요가 있다고 지적했다. 직원들이 핵심 업무에 집중하도록 가욋일을 외부 회사에 맡기거나 원하는 시간대에 일하는 탄력업무시간제를 도입하는 방안도 제시됐다. 조범상 LG경제연구원 선임연구원은 "경영진이 직원들에게 다양한 성장 기회를 제공하고 일과 휴식이 균형을 이루도록 하면 업무집중도가 높아져 실적도 개선될 것"이라고 말했다.

한국의 '노후 불안감' 世 최고

가계저축률 세계 최저 수준… '은퇴 후 자금' 턱없이 부족

HSBC 7개국 3563명 조사

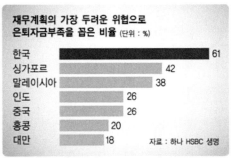

재무계획의 가장 두려운 위협으로
은퇴자금부족을 꼽은 비율 (단위 : %)

한국	61
싱가포르	42
말레이시아	38
인도	26
중국	26
홍콩	20
대만	18

자료 : 하나 HSBC 생명

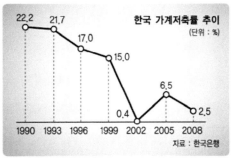

한국 가계저축률 추이
(단위 : %)

22.2 21.7 17.0 15.0 0.4 6.5 2.5

1990 1993 1996 1999 2002 2005 2008

자료 : 한국은행

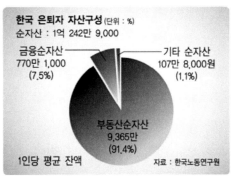

한국 은퇴자 자산구성 (단위 : %)
순자산 : 1억 242만 9,000

금융순자산
770만 1,000
(7.5%)

기타 순자산
107만 8,000원
(1.1%)

부동산순자산
9,365만
(91.4%)

1인당 평균 잔액

자료 : 한국노동연구원

3) 동아일보, 2010년 3월 25일

한국인은 선진국은 물론 한국보다 소득수준이 낮은 나라의 사람들보다 노후에 대한 두려움이 더 큰 것으로 나타났다. 가장 빠른 속도로 고령화가 진행되고 있지만 대부분이 노후 대비를 충분히 못하고 있기 때문이다. 높은 사교육비 부담으로 저축할 여력이 없고 은퇴자들은 부동산 자산에 대한 과도한 집중으로 금융자산이 턱없이 부족하다. 국민연금만으로 은퇴 후 생활은 불가능하다.

HSBC그룹은 최근 아시아 7개국의 35~65세 성인 남녀 3,563명(한국 532명)을 대상으로 조사한 결과 한국인이 '현재 재무계획에서 은퇴자금 부족을 가장 두려운 위협'으로 꼽은 비율은 61%로, 싱가포르(42%)는 물론 한국보다 소득수준이 낮은 말레이시아(38%), 인도(26%), 중국(26%)에 비해서도 크게 높았다고 밝혔다. 반면 한국과 더불어 아시아의 4마리 용으로 불리는 홍콩과 대만인들은 은퇴자금 부족으로 인한 두려움이 각각 20%와 18%로 크게 낮았다.

또 한국인 응답자 중 79%는 현재 저축 수준이 부족하다고 판단하고 있는 것으로 나타났다.

실제로 한국인은 은퇴를 대비한 저축을 제대로 못하고 있다. 2008년 한국의 가계저축률은 2.5%로 미국의 2.7%보다 이미 낮은 상태. 2009년 미국은 소비부진이 지속되면서 가계저축률이 4.3%로 뛰어올랐다. 반면 한국은 아직 국민소득통계가 발표되지 않았지만 외환위기 이후 처음 나타난 근로자 임금 감소 및 지난해 봄부터 두드러진 소비회복으로 미루어 볼 때 저축률은 반등하기 어려울 것이라는 전망이 많다.

외환위기 이전 한국의 가계저축률은 15~20% 수준으로 아시아 주변국과 크게 다르지 않았으나 외환위기 이후 급격히 추락해 왔다. 주택담보대출과 신용카드를 중심으로 하는 가계부채가 저축률 하락의 주요인으로 꼽힌다.

특히, 2000년대 이후 시중은행의 부동산담보대출이 큰 폭으로 늘고 이와 함께 주택가격도 급등하면서 은퇴 후 자산의 부동산으로의 쏠림 현상이 극심해졌다. 한국노동연구원에 따르면 은퇴자의 1인당 평균 순자산은 1억 242만 9,000원으로 이 중 91%인 9,365만 원이 부동산 순자산이다. 금융순자산은 1인당 770만 원에 불과하다.

반면 주택을 담보로 노후생활자금을 지원받는 역모기지(주택연금)는 크게 미흡한 상황이다. 주택금융공사가 2007년 7월부터 주택연금을 실시하고 있지만 3월 23일 현재 총 누적 가입자는 2,600명에 불과하다. 반면 미국은 1990년 역모기지 제도를 시행해 2009년 말까지 62만 명이 가입했다. 강성철 주택금융공사 주택연금부장은 "많은 은퇴자들이 평생 일해서 자식 교육시키고 나면 남는 자산이 집 한 채인 경우가 대부분"이라며 "한국인은 집만은 남겨 놓고 상속해야 한다는 의식이 유난히 강해 역모기지를 활용하길 꺼리는 사람이 많다."고 말했다.

1989년부터 국민연금이 도입됐지만 연금 수령액은 노후를 보장하기에 턱없이 부족한 수준이다. 20년 이상 국민연금 가입자의 평균 연금 월평균 수령액은 75만 5,195원에 불과하다.

김현정 한국은행 금융경제연구원 거시경제연구실장은 "은퇴에 대한 불안은 부동산, 고령화, 교육 등 한국 사회의 문제점들이 총합돼 나타나는 현상"이라며 "고령층 노동시장을 늘려 소득을 늘려주고 공교육을 정상화하며 자산의 부동산 비중을 줄이고 금융자산을 다양화하는 노력을 개인과 국가가 함께해야 한다."고 말했다.

우리 삶을 개선할 영역별 계명[4)]

1. 건 강

- 매일 운동량 늘리기
- 의학 보고서 및 기사 맹신하지 않기
- 보온으로 감기예방하기
- 깨끗한 치아관리하기
- 통밀제품 먹기
- 비타민 복용하기

2. 건전한 정신

- 감정 자제하고 과학적 사고 갖기
- 중국어 배우기
- 말싸움 대신 토론기술 익히기
- 명상하기
- 합창단이나 노래교실 가입하기
- 두뇌자극을 위한 퍼즐게임하기

3. 경 제

- 자기에게 맞는 신용카드 선택하기
- 자선활동하기
- 각종 무료혜택 받기
- 신용관리하기
- 신중하게 투자, 저축하기

---

4) US news & world report 내용을 저자가 우리나라 현실에 맞게 재구성함

4. 가정

- 열손실 줄이기
- 절전용 전구 사용하기
- HDTV 구입하기
- 방수 및 방화제품 갖추기
- 로봇청소기 등 가사노동 돕는 자동기기 이용하기

5. 마음

- 책 읽기, 삶의 목표 세우기
- 휴식하기, 유서 쓰기
- 편견 버리기
- 거짓말 주의하기
- 좋아하는 음악 듣기
- 맛있게 먹기

6. 버려야 할 습관

- 홈쇼핑
- 효과가 없는 항균비누사용
- 민간요법 맹신
- 인스턴트식품 섭취
- 비타민 E 과다 복용
- 현금인출기 과다 사용

7. 여행

- 좋은 여행하기
- 일출과 일몰의 장관 보기

'전통富村'　압구정동 : 부동산 부자 많아 투자성향은 보수적
'신흥부자'　도곡 · 대치 · 삼성 : 전문직 많아 공격적 인재 테크, 높은 교육열
'과거부촌'　방배동 : 은퇴자 많아 '실버타운화', 집값 덜 오르고 재테크 관심 적어

차창 밖으로 스쳐지나가는 스카이라인을 보며 누구나 한 번쯤은 '도대체 어떤 사람들이 저런 곳에 살고 있을까' 라는 생각을 할 때가 있을 거다. 하지만 강남 내에도 부와 명성의 이동을 동반하는 질서 재편이 끊임없이 이뤄지고 있다.

다른 지역과 마찬가지로 서울 강남도 진입과 퇴출, 번성과 쇠락이 교차하는 생태계다. 유기체처럼 살아 움직이며 끊임없이 새롭고도 다양한 지도를 그려낸다. 한국경제신문 취재팀은 강남의 대표 주거지역인 △압구정동 △도곡 · 대치 · 삼성동 △방배동의 '생태계'를 통해 거주민들의 성향과 직종 등을 비교해 봤다.

| 서울 강남의 스카이라인 |

5) 한국경제신문, 2010년 3월 7일

■ 최고 부촌 압구정동

압구정동 한양아파트(105m² · 32평)에 25년째 살고 있는 김모 씨(63)는 월 평균 600만 원의 임대수익으로 생활하는 전형적인 '압구정동 부자'이다. 몇 해 전 두 자녀에게 강남의 아파트 한 채씩을 해주고 분가시킨 뒤 50억 원대 자산(부동산 포함)을 가지고 있다.

수백억 원대 자산가였던 그는 '부모의 유산'과 '절약정신'을 부를 축적한 주된 요인으로 꼽았다. 부모에게 받은 것만 잘 지켜도 부자로 살 수 있었다는 얘기다. 결혼 전 미국 대사관에서 근무할 정도로 엘리트였던 김씨(경기여고 졸업)는 "좋은 집안에서 태어나 돈 잘 버는 남편과 결혼했다."며 "하지만 쓸데없는 데 낭비하지 않고 꼭 필요한 곳에만 썼다."고 강조했다.

전통 부촌인 압구정동은 '여전히' 강남구 최고의 부자동네다. 2009년 강남구청 통계에 따르면 월평균 소득이 534만 원으로 강남구 평균(480만 원)을 훨씬 웃돈다. 특히, 월평균 소득 1,000만 원 이상인 초고소득층의 비중이 5명 중 1명 꼴로 강남구 내에서 가장 높다. 김진기 국민은행 PB팀장은 "국민은행 기준으로 압구정동의 자산 예치금은 도곡·대치동의 1.8배에 달한다."며 "부동산을 제외하고 30~50억 원 정도의 현금을 보유한 대표 부자들"이라고 말했다.

유산 상속형인 이들의 또 다른 특징은 부동산 자산 비중이 유난히 높다는 것. 이연정 하나은행 PB센터 팀장은 "압구정 부자들은 일반적으로 부동산과 금융자산의 비율이 8 대 2 수준"이라며 "임대료를 받을 수 있는 수익형 부동산이 많다."고 말했다. 실제로 강남의 100억 원 이상 빌딩 자산가 100명을 대상으로 한 설문조사 결과 25%(25명)가 압구정동에 사는 것으로 나타났다.

압구정동 부자들은 '매우' 보수적인 투자성향을 띤다. 현금 자산을 여러 통장에 쪼개 투자하며, 자신이 적극적으로 투자하기보다는 은행 PB들이 정해주는 대로 따라간다. 어려운 시기를 경험한 60~70대가 많다 보니 검소한 생활습관이 몸에 배어 있다.

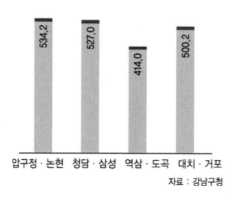

월평균 소득 (단위 : 만 원)

| 압구정·논현 | 청담·삼성 | 역삼·도곡 | 대치·거포 |
| 534.2 | 527.0 | 414.0 | 500.2 |

자료 : 강남구청

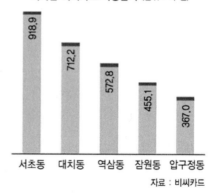

최근 3개월간(2009.11~2010.1)
지역별 비씨카드 사용금액 (단위 : 억 원)

| 서초동 | 대치동 | 역삼동 | 잠원동 | 압구정동 |
| 918.9 | 712.2 | 572.8 | 455.1 | 367.0 |

자료 : 비씨카드

| 강남구 권역별 비교(2009년 기준) |

■ 신흥 전문직 부촌 … 도곡·대치·삼성동

강북의 구의동에서 살다가 1999년 자녀교육 때문에 대치동 선경아파트로 강남에 '진입'한 모대학 교수는 "압구정동엔 전통 부자들이 많지만 장사하는 사람도 많아서 도곡·대치동과는 수준 차이가 나는 것 같다."며 "이들 지역엔 교육을 통해서 성공한 전문직이 많기 때문에 나름대로 동질성이 강하다."고 말했다.

첫째 딸(중매결혼)이 졸업한 경기여고 학부모 모임에 빠지지 않고 참석한다는 그는 "주로 대치동 선경, 미도, 우성 아파트와 삼성동 아이파크, 도곡동 타워팰리스에 사는 부모들이 참석한다."며 "아버지의 직업은 대부분 전문직"이라고 소개했다.

전문직 종사가 많은 대치·도곡·삼성동은 강남의 '신흥 부촌'으로 떠오르고 있다. 월평균 소득은 480만 원으로 강남구 평균과 비슷하지만 전문직 종사자가 압도적으로 높은 삼성동(27%)의 경우 월평균 527만 원으로 압구정동과 별 차이가 없다. 2007년 서울시 통계에 따르면 이들 지역 주민의 4명 중 1명(약 25%)이 전문직이다. 이는 강남구 전체(20%)와 압구정동(22.4%)의 전문직 종사자 비율을 웃도는 수치다.

이들 지역의 특징은 상대적으로 자녀 교육열이 높다는 점이다. 최근 3개월간 강남 주요 9개동 거주자의 비씨카드 사용액을 분석한 결과, 대치·도곡동의 학원비 사용액이 타 지역에 비해 월등히 높게 나타났다. 신용카드 이용 상위 10개 업종 가운데 학원비가 차지하는 순위는 대치동이 6위, 도곡동이 9위를 기록, 순위권에도 들지 못한 다른 지역과 차이를 보였다. 2007년 강남구청 통계에서도 고액 사교육비를 가장 많이 지출하는 곳은 단연 대치동이었다. 전체 주민의 11%가 월 평균 200만 원 이상을 사교육비로 쏟아부었고 32%가 월평균 100~200만 원을 썼다. 반면 전통적인 부자들이 많은 압구정동은 전체 주민의 4%만이 200만 원 이상을 월평균 사교육비로 지출했다.

■ 과거 명성 잃어가는 방배동

600억 원대 부동산 자산가인 유종우 씨(62)는 "더 이상 돈을 더 벌어야겠다는 생각은 없다."며 "방배동은 은퇴한 노인들이 조용히 살다가 생을 마감하기 좋은 곳"이라고 말했다.

현재 그가 살고 있는 방배동 아파트(12세대)에는 대부분 70~80대 노인이 살고 있다. 의사 변호사 등 전문직은 단 한명도 없고 은퇴한 재단 이사장, 중소기업 사장 등 자영업 종사자가 주를 이룬다.

방배동은 서래마을 등 고급 빌라촌이 밀집한 전통 부촌이다. 하지만 과거의 명성을 점차 잃어가고 있다는 평이 많다. 송재원 신한은행 방배 PB센터 팀장은 "다른 강남 지역 집값은 10년 전 대비 크게 상승했지만 방배동은 많이 오르지 않았다."고 말했다. 실제로 방배동은 강남의 주요 부촌 중에서 3.3m²당 매매가격이 2293만 원으로 가장 낮다. 2003년까지만 해도 압구정동(2,069만 원) 반포동(1,956만 원) 대치동(2,292만 원) 등 다른 부촌들과 큰 차이가 없었다. 하지만 6년 동안 두 배가 채 오르지 않을 정도로 상승률이 낮았다.

이 때문에 방배동이 은퇴 노인들의 '강남 실버타운'으로 변모해갈 것이라는 조심스러운 관측도 나오고 있다. 임민영 한국투자증권 PB센터 팀장은 "방배동 거리는 개를 끌고 산책하는 노인들이 중심인 '늙은 동네'가 됐다."며 "다음 세대로 부가 이전될 때는 부촌의 자리를 넘겨 주게 될 수도 있다."고 예상했다.

| 강남·서초구 7개 동별 비씨카드 이용 상위 10개 업종(2009.11~2010.1) |

순위	대치동	도곡동	삼성동	압구정동	잠원동	서초동	방배동
1	음식점	음식점	음식점	음식점	음식점	음식점	음식점
2	병의원	병의원	병의원	병의원	대형마트	병의원	병의원
3	전자상거래	백화점	전자상거래	백화점	병의원	대형마트	전자상거래
4	대형마트	전자상거래	대형마트	전자상거래	전자상거래	전자상거래	대형마트
5	주유소	대형마트	백화점	대형마트	주유소	백화점	주유소
6	학원	주유소	주유소	주유소	백화점	주유소	백화점
7	백화점	의류	의류	의류	의류	의류	의류
8	의류	골프/레저	골프/레저	골프/레저	골프/레저	골프/레저	슈퍼마켓
9	슈퍼마켓	학원	슈퍼마켓	항공사	약국	항공사	골프/레저
10	골프/레저	항공사	항공사	약국	항공사	슈퍼마켓	항공사

고연령층이 많은 만큼 투자성향도 압구정, 도곡·대치동과 비교해 가장 보수적인 편이다. 이제현 하나은행 방배 골드클럽 센터장은 "예금 이외에 주식이나 펀드 등 금융 투자 비중이 매우 낮다."며 "부동산 투자에도 관심 없는 사람이 많다."고 설명했다.

30대 남자들 큰손이 되다[6]

패션·미용 중심으로 남성 소비 크게 늘어나

얼마 전 스위스 바젤에 다녀왔다. 이곳에서 바젤 월드가 열렸기 때문이다. 바젤 월드는 세계 최대 규모의 시계 박람회이다. 전 세계적으로 유통되는 고급 시계의 70% 이상이 이 박람회에서 팔려나간다. 경제 위기의 직격탄을 맞은 유럽과 미국을 비롯해 전통적인 고급 시계 소비국들이 지출을 줄이면서 지난해 시계 매출은 마이너스 22%를 기록했다. 단, 예외적인 나라가 있었다. 2010년 바젤 월드에서는 '세계에서 유일하게 시계 매출이 성장한 나라는 한국'이라는 사실이 발표되었다.

당시 바젤 월드에 참석했던 외국 브랜드 관계자들과 기자들은 이 내용을 무척 흥미로워했다. 곳곳에서 '한국 시장만이 유독 성장한 비결이 무엇인가'를 묻는 질문이 쏟아졌다.

| 한 명품 매장 쇼윈도에 남성용 제품이 진열되어 있다 |

자료 : 시사저널, 임준선

6) 시사저널, 2010년 5월 16일

전체적인 매출 비중만 놓고 보면 한국 시장은 아직 미미한 단계이지만, 향후 지속적으로 매출 성장이 기대된다는 점과 중국 시장의 교두보가 될 수 있다는 두 가지 이유에서 한국 시장에 거는 기대가 컸다. 시계는 자동차 다음으로 남성들이 관심을 갖는 고급 소비재 가운데 하나이다. 서울 시내에 산재한 백화점들이 경쟁적으로 시계 매장을 확대하는 것도 바로 이처럼 '커지는 남성 시장'을 겨냥하는 것이다. 패션업계에서 일하는 스타일리스트 정은주(가명) 씨는 한 회계사들의 모임에 나가 정기적으로 강연하고 컨설팅을 한다. '남자의 경쟁력을 높일 수 있는 옷차림과 애티튜드'에 관한 내용을 주로 다루는 그녀는, 막 사회에 발을 내디딘 회계사 초년병들을 위해 구체적인 옷차림 방법에서부터 소품 사용법, 쇼핑 노하우 등을 가르쳐 준다. 반응이 의외로 뜨거워 아예 컨설팅업체를 차릴 계획까지 세웠다는 그녀가 들려주는 얘기는 흥미롭다.

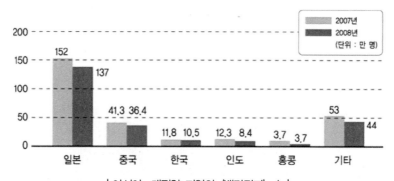

| 아시아 · 태평양 지역의 '백만장자' 수 |

자료 : 메릴린치 글로벌웰스매니지먼트 & 캡제미나이

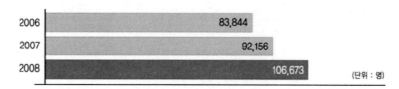

| 국내 연봉 1억 원 이상 봉급생활자 수 |

자료 : 국세청

"맨 처음 그들을 만났을 때 깜짝 놀란 것이 의외로 패션과 옷차림에 문외한이 많다는 점이었다. 학교 다닐 때 공부만 한 탓인지 어떤 옷을 어떻게 입어야 자신이 돋보이는지 아는 사람이 거의 없었다. 한눈에도 촌스러워 보인다는 인상이 강했다. 하지만 중요한 것은 그들이 슬슬 '필요성'을 느끼기 시작했다는 것이다. 그들이 만나는 고객들이 누구인가. 적어도 회계사를 찾아올 정도라면 보통 이상의 재력가들일 것이다. 그들은 옷차림도 전략이라고 생각한다. 단순히 멋쟁이가 되겠다는 생각보다는 스스로의 경쟁력을 옷차림을 통해서 업그레이드하려는 전략을 쓴다. 이들을 상대하려면 적어도 촌스러우면 안 된다는 것은 분명하다."

■ 명품 선호하고 브랜드 충성도도 높아져

정씨가 컨설팅을 진행하면서 또 한 번 놀란 것은, 회계사들이 추천을 하거나 조언한 내용을 고스란히 받아들여 체화하는 속도와 능력이 굉장히 빨랐다는 사실이다. 그녀는 "마음에 드는 스타일을 발견하면, 머리 끝부터 발 끝까지 완전히 변신을 한 채 나타나곤 했다. 씀씀이의 수준 역시 높은 편이다."라고 말했다. 쇼핑할 때의 단위가 일반인들의 그것에 비해 서너 배 높다는 사실 역시 이들의 특징이다. 국내 브랜드보다는 명품을 선호하고, 좋아하는 브랜드에 대한 충성도 역시 높다. 한번 마음에 드는 브랜드를 발견했을 때는 지속적으로 구매하는 경향을 보인다.

이러한 사례는 남성들이 스스로를 위해 지갑을 열기 시작했다는 것을 보여준다. 누구를 위해서가 아닌, '나'를 위해서 돈을 쓰기 시작했다는 얘기이다. 덕분에 남성용품 시장은 불황을 모르며 날로 커지고 있다. 젊은 남성들을 중심으로 다양한 쇼핑 패턴이 나타나고 있다. 최근 몇 년간 백화점을 비롯한 유통가에서의 화두는 '남성'이다. 과거의 남성들은 자신을 위한 물건을 사는 행위를 엄마 혹은 아내에게 위임했다면, 요즘 남자들은 쇼핑의 권리를 스스로에게 부여한다. 쇼핑에서 오는 재미와 만족감을 알아차린 것이다. 특히, 요즘 젊은 남성들이 그렇다.

얼마 전 현대백화점에서 발표한 조사가 이런 사실을 뒷받침해 준다. 조사 대상은 대한민국의 20~30대 미혼 남성들이다. 불과 5년 전까지만 해도 이들이 백화점에서 가장 많이 지출한 항목은 여성의류(16.6%)였다. 여자친구나 아내를 위한 선물용임이 분명하다. 그러나 2010년 현재 이 순위는 완전히 뒤바뀌었다. 1위는 명품(14.8%), 2위는 남성 정장(13.0%) 그리고 3위가 여성의류(12.5%)이다. 신세계백화점의 통계는 더 놀랍다. 30대 남자의 매출 비중이 20대 여자의 그것을 넘어섰다. 전통적으로 백화점 주 소비층이 30~40대 여자라고 하지만, 20대 여자의 소비력도 그에 못지않다. 그런데 2006년을 기점으로 폭발적으로 늘어나기 시작한 남성 소비 군단의 매출이 3년 만에 두 배 이상 늘어났고, 그리하여 20대 여성들의 소비력을 능가하게 된 것이다.

군이 통계나 보고서를 들먹이지 않더라도, 남성 패션 시장과 관련 있는 곳에서 일하다 보면 이런 상황이 피부로 와 닿는다. 몇 해 전부터 불티나게 팔리기 시작한 남성 품목 가운데 하나가 뷰티 제품이다. 피부 관리에 눈뜨기 시작한 남성들이 늘어나자 국내외 브랜드들은 앞 다투어 남성 전용인 '옴므' 라인을 출시했다. '여자 피부와 남자 피부는 다르다' 라는 명제 아래 대대적인 마케팅을 실시한 결과 국내 남성화장품의 시장 규모는 2004년 3,500억 원에서 2008년 5,700억 원, 지난해는 7,000억 원 등으로 연평균 7%대로 꾸준하게 성장하는 것으로 알려져 있다.

| 서울 압구정동의 한 명품 시계점에 3,000만 원짜리 시계가 전시되어 있다 |
자료 : 시사저널, 임준선

■ '부자' 증가와 샐러리맨 급여 수준 상승도 한몫

명품 시장에서 남성들이 큰손으로 등장했다는 사실은 이제 뉴스거리도 되지 않는다. 의류나 액세서리, 잡화에 대한 남성 고객들의 브랜드 충성도는 여자의 그것을 넘어섰다는 얘기가 들릴 정도이다. 여러모로 대한민국 남성들이 돈 쓰는 '맛'을 들였다는 얘기가 더 이상 낯설지 않다.

그렇다면 과연 어떤 남자들이 돈을 쓰기 시작한 것일까. 여전히 우리 주변에는 쇼핑과는 거리가 먼 삶을 사는 것처럼 보이는 남자들이 넘쳐나기 때문이다. 한두 벌의 양복으로 한 계절을 나고, 술 마시는 데 돈을 더 쓰며, 쇼핑이라도 할라치면 도살장 끌려가는 기분에 빠진다는 그들 대부분은 '대한민국의 평범한 남자들'이라는 카테고리를 형성하고 있다. 제아무리 '한국 남자들의 소비가 늘었다'고 외쳐본들 그 실체에 대한 분석 없이는 주장 자체가 희석될 가능성이 농후하다.

이쯤에서 우리가 눈여겨보아야 할 조사 결과 두 가지 있다. 해마다 세계 부자에 관한 통계를 발표하는 캡 제미나이의 부자 보고서가 그 첫 번째이다. 이들이 발표한 자료를 놓고 보면 한국의 백만장자는 꾸준히 늘어나고 있다(물론 지난해 경제 위기로 잠시 줄어들기는 했지만, 홍콩이 60% 이상 감소한 것에 비하면 한국은 10% 내외이니 미미한 수치라고 볼 수도 있겠다). 중요한 것은 전체적인 시장 자체를 놓고 보았을 때 아시아·태평양 시장에서 한국의 부자 비중은 상승세라는 사실이다. 이들이 정의하는 부자는 '부동산 자산 외에 현금 100만 달러 이상을 보유하고 있는 사람'이다. 우리 돈으로 환산하면 금융 자산 10억여 원 이상을 갖고 있는 사람들로, 이들이 늘어난다는 사실에 주목할 필요가 있다.

이보다 더 중요한 수치는 지난해 국세청이 발표한 월급쟁이 급여 수준이다. 연봉 1억 원 이상을 받는 사람들이 처음으로 10만 명을 넘어섰다. 경기가 제아무리 나빠도 돈을 버는 사람은 여전히 존재한다는 사실, 게다가 해를 거듭할수록 늘어나면 늘어났지 줄어들지 않고 있다는 것은 그만큼 돈 쓸 여유가 있는 사람들이 많아진다는 뜻이다.

연봉보다 성과급을 더 많이 받는 대기업 샐러리맨들과 늘어나는 전문직 종사자, 부자 부모를 둔 2세들, 해외 유학파, 금융계 종사자들의 증가는 대한민국 남성 소비 시장의 패턴 변화를 불러왔다. 이들이 지갑을 열기 시작하면서 대한민국 남성 소비 시장이 급팽창한 것이다. 패션과 유행에 민감한 새로운 세대가 출현한 것 또한 남성 소비 주체론에 힘을 싣는다. 외모와 패션에 민감한 메트로섹슈얼족이나 매력 있는 강한 남자인 위버섹슈얼족의 출현, 패션과 미용에 아낌없이 투자하는 그루밍족과 감수성이 남다른 초식남 등의 등장은 남성 소비 주체론을 이해하는 중요 코드이다.

[전부개정 2009. 04.01 법률 제9617호]

제1장 총칙

판 연 **제1조(목적)** 이 법은 신용정보업을 건전하게 육성하고 신용정보의 효율적 이용과 체계적 관리를 도모하며 신용정보의 오용·남용으로부터 사생활의 비밀 등을 적절히 보호함으로써 건전한 신용질서의 확립에 이바지함을 목적으로 한다.

판 연 **제2조(정의)** 이 법에서 사용하는 용어의 뜻은 다음과 같다.

1. "신용정보"란 금융거래 등 상거래에 있어서 거래 상대방의 신용도와 신용거래능력 등을 판단할 때 필요한 정보로서 대통령령으로 정하는 정보를 말한다.

2. "개인신용정보"란 신용정보 중 개인의 신용도와 신용거래능력 등을 판단할 때 필요한 정보로서 대통령령으로 정하는 정보를 말한다.

3. "신용정보주체"란 처리된 신용정보로 식별되는 자로서 그 신용정보의 주체가 되는 자를 말한다.

4. "신용정보업"이란 제4조 제1항 각 호에 따른 업무의 전부 또는 일부를 업(業)으로 하는 것을 말한다.

5. "신용정보회사"란 신용정보업을 할 목적으로 제4조에 따라 금융위원회의 허가를 받은 자를 말한다.

6. "신용정보집중기관"이란 신용정보를 집중하여 관리·활용하는 자로서 제25조 제1항에 따라 금융위원회에 등록한 자를 말한다.

---

7) 법률지식정보시스템(http://likms.assembly.go.kr), 법률 중에서 개인의 신용정보 보호에 관한 주요사항 부분만 발췌함

7. "신용정보제공·이용자"란 고객과의 금융거래 등 상거래를 위하여 본인의 영업과 관련하여 얻거나 만들어 낸 신용정보를 타인에게 제공하거나 타인으로부터 신용정보를 제공받아 본인의 영업에 이용하는 자와 그 밖에 이에 준하는 자로서 대통령령으로 정하는 자를 말한다.

8. "신용조회업무"란 신용정보를 수집·처리하는 행위, 신용정보주체의 신용도·신용거래능력 등을 나타내는 신용정보를 만들어 내는 행위 및 의뢰인의 조회에 따라 신용정보를 제공하는 행위를 말한다.

9. "신용조사업무"란 타인의 의뢰를 받아 신용정보를 조사하고, 그 신용정보를 그 의뢰인에게 제공하는 행위를 말한다.

10. "채권추심업무"란 채권자의 위임을 받아 변제하기로 약정한 날까지 채무를 변제하지 아니한 자에 대한 재산조사, 변제의 촉구 또는 채무자로부터의 변제금 수령을 통하여 채권자를 대신하여 추심채권을 행사하는 행위를 말한다.

11. 채권추심의 대상이 되는 "채권"이란 「상법」에 따른 상행위로 생긴 금전채권, 판결 등에 따라 권원(權原)이 인정된 민사채권으로서 대통령령으로 정하는 채권, 특별법에 따라 설립된 조합·공제조합·금고 및 그 중앙회·연합회 등의 조합원·회원 등에 대한 대출·보증, 그 밖의 여신 및 보험 업무에 따른 금전채권 및 다른 법률에서 신용정보회사에 대한 채권추심의 위탁을 허용한 채권을 말한다.

12. "신용평가업무"란 투자자를 보호하기 위하여 금융상품 및 신용공여 등에 대하여 그 원리금이 상환될 가능성과 기업·법인 및 간접투자기구 등의 신용도를 평가하는 행위를 말한다.

13. "처리"란 다음 각 목의 어느 하나에 해당하는 행위를 말한다.

　가. 컴퓨터를 이용하여 신용정보를 입력·저장·가공·편집·검색·삭제 또는 출력하는 행위

　나. 신용정보를 배달·우송 또는 전송 등의 방법으로 타인에게 제공하는 행위

　다. 그 밖에 가목 또는 나목과 비슷한 행위

☒ **제3조(신용정보업의 육성)** ① 금융위원회는 신용정보회사의 신용정보 제공능력의 향상과 신용정보의 원활한 이용에 필요하다고 인정하면 신용정보업의 육성에 관한 계획을 세울 수 있다.

② 금융위원회는 제1항에 따른 계획을 원활하게 추진하기 위하여 필요하면 관계 행정기관의 장에게 협조를 요청할 수 있으며, 그 요청을 받은 관계 행정기관의 장은 정당한 사유가 없으면 그 요청에 따라야 한다.

제2장 신용정보업의 허가 등

☒ **제4조(신용정보업의 종류 및 영업의 허가)** ① 신용정보업의 종류 및 그 업무는 다음 각 호와 같다. 이 경우 다음 각 호의 딸린 업무는 대통령령으로 정한다.

1. 신용조회업 : 신용조회업무 및 그에 딸린 업무
2. 신용조사업 : 신용조사업무 및 그에 딸린 업무
3. 채권추심업 : 채권추심업무 및 그에 딸린 업무
4. 신용평가업 : 신용평가업무 및 그에 딸린 업무

② 신용정보업을 하려는 자는 제1항 각 호에 따른 업무의 종류별로 금융위원회의 허가를 받아야 한다.

③ 제2항에 따른 허가를 받으려는 자는 대통령령으로 정하는 바에 따라 금융위원회에 신청서를 제출하여야 한다.

④ 금융위원회는 제2항에 따른 허가에 조건을 붙일 수 있다.

⑤ 제2항에 따른 허가와 관련된 허가신청서의 작성 방법 등 허가신청에 관한 사항, 허가심사의 절차 및 기준에 관한 사항, 그 밖에 필요한 사항은 총리령으로 정한다.

☒ **제5조(신용정보업별 허가 대상)** ① 신용조회업, 신용조사업 및 채권추심업 허가를 받을 수 있는 자는 다음 각 호의 자로 제한한다.

1. 대통령령으로 정하는 금융기관 등이 100분의 50 이상을 출자한 법인

2. 「신용보증기금법」에 따른 신용보증기금

3. 「기술신용보증기금법」에 따른 기술신용보증기금

4. 「지역신용보증재단법」에 따라 설립된 신용보증재단

5. 「수출보험법」에 따라 설립된 한국수출보험공사

6. 제4조 제1항 제1호부터 제3호까지의 규정에 따른 업무의 전부 또는 일부 를 허가받은 자가 100분의 50 이상을 출자한 법인. 다만, 출자자가 출자 를 받은 법인과 같은 종류의 업무를 하는 경우는 제외한다.

② 다음 각 호의 어느 하나에 해당하는 자 및 법인이 아닌 자는 신용평가업 허가를 받을 수 없다.

1. 「독점규제 및 공정거래에 관한 법률」 제9조 제1항에 따른 상호출자제한 기업집단에 속하는 회사(같은 법 제7조 제1항에 따른 특수관계인을 포함 한다. 이하 "상호출자제한기업집단소속회사"라 한다)가 100분의 10 이 상을 출자한 법인

2. 대통령령으로 정하는 금융기관 등(「독점규제 및 공정거래에 관한 법률」 제7조 제1항에 따른 특수관계인을 포함한다. 이하 "출자금융기관등"이라 한다)이 100분의 10 이상을 출자한 법인

3. 다음 각 목의 법인이 최다출자자인 법인

가. 상호출자제한기업집단소속회사가 100분의 10 이상을 출자한 법인

나. 출자금융기관등이 100분의 10 이상을 출자한 법인

연 **제6조(허가의 요건)** ① 제4조 제2항에 따른 신용정보업의 허가를 받으려는 자는 다음 각 호의 요건을 갖추어야 한다.

1. 신용정보업을 하기에 충분한 인력과 전산설비 등 물적 시설을 갖출 것

2. 사업계획이 타당하고 건전할 것

3. 대통령령으로 정하는 주요출자자가 충분한 출자능력, 건전한 재무상태 및 사회적 신용을 갖출 것

4. 신용정보업을 하기에 충분한 전문성을 갖출 것

② 신용정보업의 허가를 받으려는 자는 다음 각 호의 구분에 따른 자본금 또는 기본재산을 갖추어야 한다.

  1. 신용조회업 및 신용평가업을 각각 또는 함께하려는 경우에는 50억 원 이상

  2. 신용조사사업 및 채권추심업을 각각 또는 함께하려는 경우에는 50억 원 이내에서 대통령령으로 정하는 금액 이상

③ 제1항에 따른 허가의 세부요건에 관하여 필요한 사항은 대통령령으로 정한다.

④ 신용정보회사는 신용정보업을 하는 동안에는 제1항 제1호에 따른 요건을 계속 유지하여야 한다.

연 **제7조(허가 등의 공고)** 금융위원회는 제4조 제2항에 따른 허가를 하거나 제14조 제1항에 따라 허가 또는 인가를 취소한 경우에는 지체 없이 그 내용을 관보에 공고하고 인터넷 홈페이지 등을 이용하여 일반인에게 알려야 한다.

연 **제8조(신고 및 보고 사항)** 신용정보회사가 제4조 제2항에 따라 허가받은 사항 중 대통령령으로 정하는 사항을 변경하려면 미리 금융위원회에 신고하여야 한다. 다만, 대통령령으로 정하는 경미한 사항을 변경하려면 그 사유가 발생한 날부터 7일 이내에 그 사실을 금융위원회에 보고하여야 한다.

판 연 **제9조(지배주주의 변경승인 등)** ① 신용정보회사의 주식(출자지분을 포함한다. 이하 이 조에서 같다)을 취득하여 대통령령으로 정하는 지배주주가 되려는 자는 제6조 제1항 제3호에 따른 주요출자자 요건 중 건전한 경영을 위하여 대통령령으로 정하는 요건을 갖추어 미리 금융위원회의 승인을 받아야 한다.

② 금융위원회는 6개월 이내의 기간을 정하여 제1항에 따른 승인 없이 취득한 주식을 처분할 것을 명할 수 있다.

③ 제1항에 따른 승인 없이 주식을 취득한 자는 그 취득분에 대하여 의결권을 행사할 수 없다.

④ 제1항에 따른 승인 및 제2항에 따른 처분명령의 세부요건에 관하여 필요한 사항은 대통령령으로 정한다.

🔲 **제10조(신용정보업의 양도·양수 등의 인가 등)** ① 신용정보회사가 그 사업의 전부 또는 일부를 양도·양수 또는 분할하거나, 다른 법인과 합병(「상법」 제530조의2에 따른 분할합병을 포함한다. 이하 같다)하려는 경우에는 대통령령으로 정하는 바에 따라 금융위원회의 인가를 받아야 한다.

② 신용정보회사가 제1항에 따라 인가를 받아 그 사업을 양도 또는 분할하거나 다른 법인과 합병한 경우에는 양수인, 분할 후 설립되는 법인 또는 합병 후 존속하는 법인(신용정보회사인 법인이 신용정보회사가 아닌 법인을 흡수합병하는 경우는 제외한다)이나 합병에 따라 설립되는 법인은 양도인, 분할 전의 법인 또는 합병 전의 법인의 신용정보회사로서의 지위를 승계한다. 이 경우 종전의 신용정보회사에 대한 허가는 그 효력(제1항에 따른 일부 양도 또는 분할의 경우에는 그 양도 또는 분할한 사업의 범위로 제한한다)을 잃는다.

③ 제1항 및 제2항에 따른 양수인, 합병 후 존속하는 법인 및 분할 또는 합병에 따라 설립되는 법인에 대하여는 제5조, 제6조, 제22조 제1항, 제27조 제1항부터 제7항까지 및 제28조를 준용한다.

④ 신용정보회사가 영업의 전부 또는 일부를 일시적으로 중단하거나 폐업하려면 총리령으로 정하는 바에 따라 미리 금융위원회에 신고하여야 한다.

🔲 **제11조(겸업)** 신용정보회사는 다음 각 호의 업무 외에는 총리령으로 정하는 바에 따라 금융위원회에 미리 신고하고 허가받은 업무와 관련된 업무를 겸업할 수 있다. 이 경우 개별 법률에 따라 행정관청의 인가·허가·등록 및 승인 등의 조치가 필요한 업무는 해당 개별 법률에 따라 인가·허가·등록 및 승인 등을 미리 받아야 할 수 있다.

  1. 개인에 대하여 타인의 신용정보 및 신용정보를 가공(加工)한 신용정보를 제공하는 업무

2. 다른 회사 채권에 대한 부채증명서 발급 대행 업무(대통령령으로 정하는 경우를 제외한다)

3. 부실채권 매입, 채권추심 등 타인의 권리실행을 위한 소송사건 등의 대리 업무, 신용평가회사의 개인신용등급 산정업무 등 신용정보회사의 업무 범위를 벗어난 업무

4. 그 밖에 신용정보주체 또는 사회에 명백하게 해악을 끼칠 수 있는 업무로서 대통령령으로 정하는 업무

연 **제12조(유사명칭의 사용 금지)** 이 법에 따라 허가받은 신용정보회사가 아닌 자는 상호 중에 신용정보·신용조사·신용평가 또는 이와 비슷한 명칭을 사용하지 못한다.

판 연 **제13조(임원의 겸직 금지)** 신용정보회사의 상임 임원은 금융위원회의 승인 없이 다른 영리법인의 상무(常務)에 종사할 수 없다.

연 **제14조(허가 등의 취소와 업무의 정지)** ① 금융위원회는 신용정보회사가 다음 각 호의 어느 하나에 해당하는 경우에는 허가 또는 인가를 취소할 수 있다. 다만, 금융위원회는 신용정보회사가 다음 각 호의 어느 하나에 해당하더라도 대통령령으로 정하는 사유에 해당하면 6개월 이내의 기간을 정하여 허가 또는 인가를 취소하기 전에 시정명령을 할 수 있다.

1. 거짓이나 그 밖의 부정한 방법으로 제4조 제2항에 따른 허가를 받거나 제10조 제1항에 따른 인가를 받은 경우

2. 제5조 제1항 제1호에 따른 금융기관 등의 출자요건을 위반한 경우. 다만, 신용정보회사의 주식이 「자본시장과 금융투자업에 관한 법률」 제9조 제13항에 따른 증권시장에 상장되어 있는 경우는 제외한다.

3. 제5조 제2항을 위반한 경우(신용평가업만 해당한다)

4. 신용정보회사(허가를 받은 날부터 3개 사업연도(신용조회업 또는 신용평가업이 포함된 경우에는 5개 사업연도)가 지나지 아니한 경우는 제외한

다)의 자기자본(최근 사업연도 말 현재 대차대조표상 자산총액에서 부채총액을 뺀 금액을 말한다. 이하 같다)이 제6조 제2항에 따른 자본금 또는 기본재산의 요건에 미치지 못한 경우

5. 업무정지명령을 위반하거나 업무정지에 해당하는 행위를 한 자가 그 사유 발생일 전 1년 이내에 업무정지처분을 받은 사실이 있는 경우

6. 제40조 제1호부터 제4호까지의 어느 하나를 위반한 경우(신용평가업은 제외한다)

7. 제40조 제1호·제4호 또는 제6호를 위반한 경우(신용평가업만 해당한다)

8. 「채권의 공정한 추심에 관한 법률」 제9조 각 호의 어느 하나를 위반하여 채권추심행위를 한 경우(채권추심업만 해당한다)

9. 허가 또는 인가의 내용이나 조건을 위반한 경우

10. 정당한 사유 없이 1년 이상 계속하여 허가받은 영업을 하지 아니한 경우

11. 제41조 제1항을 위반하여 채권추심행위를 한 경우(채권추심업만 해당한다)

② 금융위원회는 신용정보회사가 다음 각 호의 어느 하나에 해당하는 경우에는 6개월의 범위에서 기간을 정하여 그 업무의 전부 또는 일부의 정지를 명할 수 있다.

1. 제6조 제4항을 위반한 경우

2. 제11조를 위반한 경우

3. 제16조에 따른 수집·조사 등의 제한 사항을 위반한 경우(신용평가업은 제외한다)

4. 제22조 제1항, 제27조 제1항 및 제28조를 위반한 경우

5. 제40조 제5호를 위반한 경우

6. 「채권의 공정한 추심에 관한 법률」 제12조 제2호·제5호를 위반하여 채권추심행위를 한 경우(채권추심업만 해당한다)

7. 별표에 규정된 처분 사유에 해당하는 경우

8. 그 밖에 법령 또는 정관을 위반하거나 경영상태가 건전하지 못하여 공익을 심각하게 해치거나 해칠 우려가 있는 경우

제3장 신용정보의 수집·조사 및 처리

판 연 **제15조(수집·조사의 원칙)** 신용정보회사, 신용정보집중기관 및 신용정보제공·이용자(이하 "신용정보회사등"이라 한다)는 신용정보를 수집·조사하는 경우에는 이 법 또는 정관으로 정한 업무 범위에서 수집·조사의 목적을 명확하게 하고 그 목적 달성에 필요한 범위에서 합리적이고 공정한 수단을 사용하여야 한다.

연 **제16조(수집·조사 및 처리의 제한)** ① 신용정보회사등은 다음 각 호의 정보를 수집·조사하여서는 아니 된다.

1. 국가의 안보 및 기밀에 관한 정보
2. 기업의 영업비밀 또는 독창적인 연구개발 정보
3. 개인의 정치적 사상, 종교적 신념, 그 밖에 신용정보와 관계없는 사생활에 관한 정보
4. 확실하지 아니한 개인신용정보
5. 다른 법률에 따라 수집이 금지된 정보
6. 그 밖에 대통령령으로 정하는 정보

② 신용정보회사등이 개인의 질병에 관한 정보를 수집·조사하거나 타인에게 제공하려면 미리 제32조 제1항에 따른 해당 개인의 동의를 받아야 하며 대통령령으로 정하는 목적으로만 그 정보를 이용하여야 한다.

판 연 **제17조(수집·조사 및 처리의 위탁)** ① 신용정보회사등은 그 업무 범위에서 의뢰인의 동의를 받아 다른 신용정보회사등에 신용정보의 수집·조사를 위탁할 수 있다.

② 신용정보회사등은 수집된 신용정보의 처리를 일정한 금액 이상의 자본금 등 대통령령으로 정하는 일정한 요건을 갖춘 자에게 위탁할 수 있으며 위탁받은 업무의 처리에 관하여는 제19조부터 제21조까지, 제40조, 제43조 및 제45조

(해당 조문에 대한 벌칙 및 과태료규정을 포함한다)를 적용한다.

③ 제2항에 따라 신용정보의 처리를 위탁하려는 신용정보회사등으로서 대통령령으로 정하는 자는 제공하는 신용정보의 범위 등을 대통령령으로 정하는 바에 따라 금융위원회에 알려야 한다.

제4장 신용정보의 유통·이용 및 관리

[연] **제18조(신용정보의 정확성 및 최신성의 유지)** ① 신용정보회사등은 신용정보의 정확성과 최신성이 유지될 수 있도록 대통령령으로 정하는 바에 따라 신용정보의 등록·변경 및 관리 등을 하여야 한다.

② 신용정보회사등은 대통령령으로 정하는 바에 따라 신용정보주체에게 불이익을 줄 수 있는 오래된 신용정보를 삭제하여야 한다.

[연] **제19조(신용정보전산시스템의 안전보호)** ① 신용정보회사등은 신용정보전산시스템(제25조 제6항에 따른 신용정보공동전산망을 포함한다. 이하 같다)에 대한 제3자의 불법적인 접근, 입력된 정보의 변경·훼손 및 파괴, 그 밖의 위험에 대하여 대통령령으로 정하는 바에 따라 기술적·물리적·관리적 보안대책을 세워야 한다.

② 신용정보제공·이용자가 다른 신용정보제공·이용자 또는 신용조회회사와 서로 이 법에 따라 신용정보를 제공하는 경우에는 금융위원회가 정하여 고시하는 바에 따라 신용정보 보안관리 대책을 포함한 계약을 체결하여야 한다.

[연] **제20조(신용정보 관리책임의 명확화 및 업무처리기록의 보존)** ① 신용정보회사등은 신용정보의 수집·처리 및 이용 등에 대하여 금융위원회가 정하는 바에 따라 내부관리규정을 마련하여야 한다.

② 신용정보회사등은 다음 각 호의 사항에 대한 기록을 3년간 보존하여야 한다.

  1. 의뢰인의 주소와 성명 또는 정보제공·교환기관의 주소와 이름

  2. 의뢰받은 업무 내용 및 의뢰받은 날짜

  3. 의뢰받은 업무의 처리 내용 또는 제공한 신용정보의 내용과 제공한 날짜

  4. 그 밖에 대통령령으로 정하는 사항

③ 신용정보회사, 신용정보집중기관 및 대통령령으로 정하는 신용정보제공·이용자는 신용정보를 보호하고 신용정보와 관련된 신용정보주체의 고충을 처리하는 등 대통령령으로 정하는 업무를 하는 신용정보관리·보호인을 1명 이상 지정하여야 한다.

④ 제3항에 따른 신용정보관리·보호인의 자격요건과 그 밖에 지정에 필요한 사항은 대통령령으로 정한다.

⑤ 「금융지주회사법」 제48조의2 제4항에 따라 선임된 신용정보관리인이 제4항의 자격요건에 해당하면 제3항에 따라 지정된 신용정보관리·보호인으로 본다.

연 **제21조(폐업 시 보유정보의 처리)** 신용정보회사나 신용정보집중기관이 폐업하려는 경우에는 금융위원회가 정하여 고시하는 바에 따라 보유정보를 처분하거나 폐기하여야 한다.

제6장 신용정보주체의 보호

연 **제31조(신용정보활용체제의 공시)** 신용정보회사, 신용정보집중기관 및 대통령령으로 정하는 신용정보제공·이용자는 관리하는 신용정보의 종류, 이용 목적, 제공 대상 및 신용정보주체의 권리 등에 관한 사항을 대통령령으로 정하는 바에 따라 공시하여야 한다.

판 연 **제32조(개인신용정보의 제공·활용에 대한 동의)** ① 신용정보제공·이용자가 대출, 보증에 관한 정보 등 대통령령으로 정하는 개인신용정보를 타인에게 제

공하려는 경우에는 대통령령으로 정하는 바에 따라 해당 개인으로부터 다음 각 호의 어느 하나에 해당하는 방식으로 미리 동의를 받아야 한다.

1. 서면

2. 「전자서명법」 제2조 제3호에 따른 공인전자서명이 있는 전자문서(「전자거래기본법」 제2조 제1호에 따른 전자문서를 말한다)

3. 개인신용정보의 제공 내용 및 제공 목적 등을 고려하여 정보 제공 동의의 안정성과 신뢰성이 확보될 수 있는 유무선 통신으로 개인비밀번호를 입력하는 방식

4. 유무선 통신으로 동의 내용을 해당 개인에게 알리고 동의를 받는 방법. 이 경우 본인 여부 및 동의 내용, 그에 대한 해당 개인의 답변을 음성녹음하는 등 증거자료를 확보·유지하여야 하며, 대통령령으로 정하는 바에 따른 사후 고지절차를 거친다.

5. 그 밖에 대통령령으로 정하는 방식

② 신용조회회사 또는 신용정보집중기관으로부터 대통령령으로 정하는 개인신용정보를 제공받으려는 자는 대통령령으로 정하는 바에 따라 해당 개인으로부터 제1항 각 호의 어느 하나에 해당하는 방식으로 동의를 받아야 한다. 이때 개인신용정보를 제공받으려는 자는 해당 개인에게 개인신용정보의 조회 시 신용등급이 하락할 수 있음을 고지하여야 한다.

③ 신용조회회사 또는 신용정보집중기관이 개인신용정보를 제2항에 따라 제공하는 경우에는 해당 개인신용정보를 제공받으려는 자가 제2항에 따른 동의를 받았는지를 대통령령으로 정하는 바에 따라 확인하여야 한다.

④ 신용정보회사등이 개인신용정보를 제공하는 경우로서 다음 각 호의 어느 하나에 해당하는 경우에는 제1항부터 제3항까지를 적용하지 아니한다.

1. 신용정보회사가 다른 신용정보회사 또는 신용정보집중기관과 서로 집중관리·활용하기 위하여 제공하는 경우

2. 계약의 이행에 필요한 경우로서 제17조 제2항에 따라 신용정보의 처리를 위탁하기 위하여 제공하는 경우

3. 영업양도·분할·합병 등의 이유로 권리·의무의 전부 또는 일부를 이전하면서 그와 관련된 개인신용정보를 제공하는 경우

4. 채권추심(추심채권을 추심하는 경우만 해당한다), 인가·허가의 목적, 기업의 신용도 판단, 유가증권의 양수 등 대통령령으로 정하는 목적으로 사용하는 자에게 제공하는 경우

5. 법원의 제출명령 또는 법관이 발부한 영장에 따라 제공하는 경우

6. 범죄 때문에 피해자의 생명이나 신체에 심각한 위험 발생이 예상되는 등 긴급한 상황에서 제5호에 따른 법관의 영장을 발부받을 시간적 여유가 없는 경우로서 검사 또는 사법경찰관의 요구에 따라 제공하는 경우. 이 경우 개인신용정보를 제공받은 검사는 지체 없이 법관에게 영장을 청구하여야 하고, 사법경찰관은 검사에게 신청하여 검사의 청구로 영장을 청구하여야 하며, 개인신용정보를 제공받은 때부터 36시간 이내에 영장을 발부받지 못하면 지체 없이 제공받은 개인신용정보를 폐기하여야 한다.

7. 조세에 관한 법률에 따른 질문·검사 또는 조사를 위하여 관할 관서의 장이 서면으로 요구하거나 조세에 관한 법률에 따라 제출의무가 있는 과세자료의 제공을 요구함에 따라 제공하는 경우

8. 국제협약 등에 따라 외국의 금융감독기구에 금융회사가 가지고 있는 개인신용정보를 제공하는 경우

9. 그 밖에 다른 법률에 따라 제공하는 경우

⑤ 제4항 각 호에 따라 개인신용정보를 타인에게 제공하려는 자 및 제공받은 자는 대통령령으로 정하는 바에 따라 개인신용정보의 제공 사실 및 이유 등을 해당 신용정보주체에게 알리거나 공시하여야 한다.

⑥ 제4항 제3호에 따라 개인신용정보를 타인에게 제공하는 신용정보제공·이용자로서 대통령령으로 정하는 자는 제공하는 신용정보의 범위 등 대통령령으로 정하는 사항에 관하여 금융위원회의 승인을 받아야 한다.

⑦ 신용정보회사등이 개인신용정보를 제공하는 경우에는 금융위원회가 정하여 고시하는 바에 따라 개인신용정보를 제공받는 자의 신원(身元)과 이용 목적을 확인하여야 한다.

⑧ 개인신용정보를 제공한 신용정보제공·이용자는 제1항에 따라 미리 동의를 받았는지 여부 등에 대한 다툼이 있는 경우 이를 증명하여야 한다.

연 **제33조(개인신용정보의 이용)** 개인신용정보는 해당 신용정보주체가 신청한 금융거래 등 상거래관계(고용관계는 제외한다. 이하 같다)의 설정 및 유지 여부 등을 판단하기 위한 목적으로만 이용하여야 한다. 다만, 다음 각 호의 어느 하나에 해당하는 경우에는 그러하지 아니하다.

1. 개인이 제32조 제1항 각 호의 방식으로 이 조 각 호 외의 부분 본문에서 정한 목적 외의 다른 목적에의 이용에 동의한 경우
2. 개인이 직접 제공한 개인신용정보(그 개인과의 상거래에서 생긴 신용정보를 포함한다)를 제공받은 목적으로 이용하는 경우(상품과 서비스를 소개하거나 그 구매를 권유할 목적으로 이용하는 경우는 제외한다)
3. 제32조 제4항 각 호의 경우
4. 그 밖에 제1호부터 제3호까지의 규정에 준하는 경우로서 대통령령으로 정하는 경우

판 연 **제34조(개인식별정보의 제공·이용)** ① 신용정보제공·이용자가 개인을 식별하기 위하여 필요로 하는 정보로서 대통령령으로 정하는 정보(이하 "개인식별정보"라 한다)를 신용정보회사등에 제공하려는 경우에는 해당 개인의 동의를 받아야 한다.

② 개인식별정보는 해당 개인이 동의한 목적 또는 해당 개인으로부터 직접 제공받은 경우에는 그 제공받은 목적의 범위에서만 이용되어야 한다.

③ 개인식별정보가 이 법에 따라 개인신용정보를 제공받기 위하여 신용정보주체를 특정할 목적으로 제공·이용되는 경우에는 제1항 및 제2항을 적용하지 아니한다. 이 경우 개인식별정보를 제공받은 자는 제공 요구에 따르기 위한 목적 외의 용도로 그 정보를 이용하거나 제3자에게 제공하여서는 아니 된다.

④ 개인식별정보가 제32조 제4항 제4호부터 제9호까지의 규정에 따라 제공·이용되는 경우에는 제1항 및 제2항을 적용하지 아니한다.

연 **제35조(신용정보 제공사실의 통보요구)** 신용정보주체는 신용정보회사등이 본인에 관한 신용정보(이하 "본인정보"라 한다)를 제공하는 경우에는 대통령령으로 정하는 바에 따라 제공받은 자, 그 이용 목적, 제공한 날짜, 제공한 본인정보의 주요 내용 등을 알리도록 요구하거나 인터넷 홈페이지를 통하여 조회할 수 있도록 하여 줄 것을 요구할 수 있다. 이 경우 신용정보회사등은 특별한 사유가 없으면 그 요구에 따라야 한다.

연 **제36조(상거래 거절 근거 신용정보의 고지 등)** ① 신용정보제공 · 이용자가 신용조회회사 및 신용정보집중기관으로부터 제공받은 개인신용정보로서 대통령령으로 정하는 정보에 근거하여 상대방과의 상거래관계 설정을 거절하거나 중지한 경우에는 해당 신용정보주체의 요구가 있으면 그 거절 또는 중지의 근거가 된 정보 등 대통령령으로 정하는 사항을 본인에게 고지하여야 한다.
② 신용정보주체는 제1항에 따라 고지받은 본인정보의 내용에 이의가 있으면 제1항에 따른 고지를 받은 날부터 60일 이내에 해당 신용정보를 수집 · 제공한 신용조회회사 및 신용정보집중기관에게 그 신용정보의 정확성을 확인하도록 요청할 수 있다.
③ 제2항에 따른 확인절차 등에 관하여는 제38조를 준용한다.

연 **제37조(개인신용정보 제공 · 이용 동의 철회권 등)** ① 개인인 신용정보주체는 제32조 제1항 각 호의 방식으로 동의를 받은 신용정보제공 · 이용자에게 신용조회회사 또는 신용정보집중기관에 제공하여 개인의 신용도 등을 평가하기 위한 목적 외의 목적으로 행한 개인신용정보 제공 동의를 대통령령으로 정하는 바에 따라 철회할 수 있다. 다만, 동의를 받은 신용정보제공 · 이용자 외의 신용정보제공 · 이용자에게 해당 개인신용정보를 제공하지 아니하면 해당 신용정보주체와 약정한 용역의 제공을 하지 못하게 되는 등 계약 이행이 어려워지거나 제33조 각 호 외의 부분 본문에 따른 목적을 달성할 수 없는 경우에는 고객이 동의를 철회하려면 그 용역의 제공을 받지 아니할 의사를 명확하게 밝혀야 한다.

② 개인인 신용정보주체는 대통령령으로 정하는 바에 따라 신용정보제공·이용자에 대하여 상품이나 용역을 소개하거나 구매를 권유할 목적으로 본인에게 연락하는 것을 중지하도록 청구할 수 있다.

③ 신용정보제공·이용자는 서면, 전자문서 또는 구두에 의한 방법으로 제1항 및 제2항에 따른 권리의 내용, 행사방법 등을 거래 상대방인 개인에게 고지하고, 거래 상대방이 제1항 및 제2항의 요구를 하면 즉시 이에 따라야 한다. 이때 구두에 의한 방법으로 이를 고지한 경우 대통령령으로 정하는 바에 따른 추가적인 사후 고지절차를 거쳐야 한다.

④ 신용정보제공·이용자는 대통령령으로 정하는 바에 따라 제3항에 따른 의무를 이행하기 위한 절차를 갖추어야 한다.

⑤ 신용정보제공·이용자는 제2항에 따른 청구에 따라 발생하는 전화요금 등 금전적 비용을 개인인 신용정보주체가 부담하지 아니하도록 대통령령으로 정하는 바에 따라 필요한 조치를 하여야 한다.

연 **제38조(신용정보의 열람 및 정정청구 등)** ① 신용정보주체는 신용정보회사등에 본인의 신분을 나타내는 증표를 내보이거나 전화, 인터넷 홈페이지의 이용 등 대통령령으로 정하는 방법으로 본인임을 확인받아 신용정보회사등이 가지고 있는 본인정보의 제공 또는 열람을 청구할 수 있으며, 본인정보가 사실과 다른 경우에는 금융위원회가 정하여 고시하는 바에 따라 정정을 청구할 수 있다.

② 제1항에 따라 정정청구를 받은 신용정보회사등은 정정청구에 정당한 사유가 있다고 인정하면 즉시 문제가 된 신용정보에 대하여 정정청구 중 또는 사실 조회 중임을 기입하고, 지체 없이 해당 신용정보의 제공·이용을 중단한 후 사실인지를 조사하여 사실과 다르거나 확인할 수 없는 신용정보는 삭제하거나 정정하여야 한다.

③ 제2항에 따라 신용정보를 삭제하거나 정정한 신용정보회사등은 해당 신용정보를 최근 6개월 이내에 제공받은 자와 해당 신용정보주체가 요구하는 자에게 해당 신용정보에서 삭제하거나 정정한 내용을 알려야 한다.

④ 신용정보회사등은 제2항과 제3항에 따른 처리결과를 7일 이내에 해당 신용정보주체에게 알려야 하며, 해당 신용정보주체는 처리결과에 이의가 있으면 대통령령으로 정하는 바에 따라 금융위원회에 그 시정을 요청할 수 있다.

⑤ 금융위원회는 제4항에 따른 시정을 요청받으면 「금융위원회의 설치 등에 관한 법률」 제24조에 따라 설립된 금융감독원의 원장(이하 "금융감독원장"이라 한다)으로 하여금 그 사실 여부를 조사하게 하고, 조사결과에 따라 신용정보회사등에 대하여 시정을 명하거나 그 밖에 필요한 조치를 할 수 있다.

⑥ 제5항에 따라 조사를 하는 자는 그 권한을 표시하는 증표를 지니고 이를 관계인에게 내보여야 한다.

⑦ 신용정보회사등이 제5항에 따른 금융위원회의 시정명령에 따라 시정조치를 한 경우에는 그 결과를 금융위원회에 보고하여야 한다.

연 **제39조(무료 열람권)** 신용조회회사는 1년 이내로서 대통령령으로 정하는 일정한 기간마다 개인인 신용정보주체가 본인정보를 1회 이상 무료로 제공받거나 열람할 수 있도록 하여야 한다.

연 **제40조(신용정보회사등의 금지사항)** 신용정보회사등은 다음 각 호의 행위를 하여서는 아니 되며, 신용정보회사등이 아니면 제4호 본문의 행위를 업으로 하거나 제5호의 행위를 하여서는 아니 된다.

1. 의뢰인에게 허위 사실을 알리는 일
2. 신용정보에 관한 조사 의뢰를 강요하는 일
3. 신용정보 조사 대상자에게 조사자료 제공과 답변을 강요하는 일
4. 특정인의 소재 및 연락처(이하 "소재등"이라 한다)를 알아내거나 금융거래 등 상거래관계 외의 사생활 등을 조사하는 일. 다만, 채권추심업을 허가받은 신용정보회사가 그 업무를 하기 위하여 특정인의 소재등을 알아내는 경우 또는 다른 법령에 따라 특정인의 소재등을 알아내는 것이 허용되는 경우에는 그러하지 아니하다.
5. 정보원, 탐정, 그 밖에 이와 비슷한 명칭을 사용하는 일

6. 신용평가업무를 하면서 고의 또는 중대한 과실로 해당 금융투자상품, 법인 및 간접투자기구에 대한 투자자 및 신용공여자 등에게 중대한 손실을 끼치는 일

연 **제41조(채권추심회사의 금지 사항)** ① 채권추심회사는 자기의 명의를 빌려주어 타인으로 하여금 채권추심업을 하게 하여서는 아니 된다.

② 채권추심회사는 다른 법령에서 허용된 경우 외에는 상호 중에 "신용정보"라는 표현이 포함된 명칭 이외의 명칭을 사용하여서는 아니 된다. 다만, 채권추심회사가 신용조회업 또는 신용평가업을 함께하는 경우에는 그러하지 아니하다.

연 **제42조(업무 목적 외 누설금지 등)** ① 신용정보회사등과 제17조 제2항에 따라 신용정보의 처리를 위탁받은 자의 임직원이거나 임직원이었던 자(이하 "신용정보업관련자"라 한다)는 업무상 알게 된 타인의 신용정보 및 사생활 등 개인적 비밀(이하 "개인비밀"이라 한다)을 업무 목적 외에 누설하거나 이용하여서는 아니 된다.

② 신용정보회사등과 신용정보업관련자가 이 법에 따라 신용정보회사등에 신용정보를 제공하는 행위는 제1항에 따른 업무 목적 외의 누설이나 이용으로 보지 아니한다.

③ 제1항을 위반하여 누설된 개인비밀을 취득한 자(그로부터 누설된 개인비밀을 다시 취득한 자를 포함한다)는 그 개인비밀이 제1항을 위반하여 누설된 것임을 알게 된 경우 그 개인비밀을 타인에게 제공하거나 이용하여서는 아니 된다.

④ 신용정보회사등과 신용정보업관련자로부터 개인신용정보를 제공받은 자는 그 개인신용정보를 타인에게 제공하여서는 아니 된다. 다만, 이 법 또는 다른 법률에 따라 제공이 허용되는 경우에는 그러하지 아니하다.

연 **제43조(손해배상의 책임)** ① 신용정보회사등과 그 밖의 신용정보 이용자가 이 법을 위반하여 신용정보주체에게 피해를 입힌 경우에는 해당 신용정보주체에 대하여 손해배상의 책임을 진다. 다만, 신용정보회사등과 그 밖의 신용정보 이

용자가 고의 또는 과실이 없음을 증명한 경우에는 그러하지 아니하다.

② 채권추심회사 또는 위임직채권추심인이 이 법을 위반하여 채무자 및 그 관계인에게 손해를 입힌 경우에는 그 손해를 배상하여야 한다. 다만, 채권추심회사 또는 위임직채권추심인이 자신에게 고의 또는 과실이 없음을 증명한 경우에는 그러하지 아니하다.

③ 제4조 제1항의 업무를 의뢰받은 신용정보회사가 자신에게 책임 있는 사유로 의뢰인에게 손해를 입힌 경우에는 그 손해를 배상하여야 한다.

④ 제17조 제2항에 따라 신용정보의 처리를 위탁받은 자가 이 법을 위반하여 신용정보주체에게 피해를 입힌 경우에는 위탁자는 수탁자와 연대하여 손해배상책임을 진다.

⑤ 위임직채권추심인이 이 법 또는 「채권의 공정한 추심에 관한 법률」을 위반하여 채무자나 채무자의 관계인에게 손해를 입힌 경우 채권추심회사는 위임직채권추심인과 연대하여 손해배상책임을 진다. 다만, 채권추심회사가 자신에게 고의 또는 과실이 없음을 증명한 경우에는 그러하지 아니하다.

[연] **제44조(신용정보협회)** ① 신용정보회사는 신용정보업의 건전한 발전을 도모하고 신용정보회사들 사이의 업무질서를 유지하기 위하여 신용정보협회를 설립할 수 있다.

② 신용정보협회는 법인으로 한다.

③ 신용정보협회는 정관으로 정하는 바에 따라 다음 각 호의 업무를 한다.

　1. 신용정보회사 간의 건전한 업무질서를 유지하기 위한 업무

　2. 신용정보업의 발전을 위한 조사 · 연구 업무

　3. 신용정보업 이용자 민원의 상담 · 처리

　4. 그 밖에 대통령령으로 정하는 업무

④ 신용정보협회에 대하여 이 법에서 정한 것을 제외하고는 「민법」 중 사단법인에 관한 규정을 준용한다.

찾아보기

저자 소개

임태순

미국 Long Island University, MBA

미국 University of Wisconsin-Madison, A.B.D

인하대학교 경영학 박사

한국기업경영학회 상임이사

인천상공회의소 자문교수

경영지도사 시험출제위원

서울사이버대학교 학생지원처장 역임

서울사이버대학교 경영학과장 역임

서울사이버대학교 금융보험학과장 역임

현재 서울사이버대학교 금융보험학과 교수

　　　미국 Jones International University, adjunct professor

저 서

금융시장(2010), 핵심재테크(2010), 경영학원론(2010),
리스크와 재무설계(2008, 공저), 재무관리의 이해(개정판)(2007, 공저)
현대경영학의 개관(2006, 공저), 현대경영학의 이해(2001, 공저)

행복한 생활경영

2010년 6월 21일 초판 인쇄
2010년 6월 25일 초판 발행

지은이 임태순
펴낸이 류제동
펴낸곳 ㈜교문사

책임편집 윤정선
본문디자인 에바다에딧
표지디자인 반미현
제작 김선형
영업 김재광·정용섭·송기윤

출력 현대미디어
인쇄 동화인쇄
제본 과성제책사

우편번호 413-756
주소 경기도 파주시 교하읍 문발리 출판문화정보산업단지 536-2
전화 031-955-6111(代)
팩스 031-955-0955
등록 1960. 10. 28. 제406-2006-000035호

홈페이지 www.kyomunsa.co.kr
E-mail webmaster@kyomunsa.co.kr
ISBN 978-89-363-1061-5 (93320)

값 16,000원
* 잘못된 책은 바꿔 드립니다.